Nur ein paar Stündchen

Nix wie raus, ganz schnell ins Grüne. Auch mit wenig Zeit lässt sich Großartiges erleben. Kleine und große Abenteuer warten direkt vor der Haustür.

4H

Raus für einen Tag

Man muss nicht das Land verlassen, um neue Welten zu entdecken. Einfach mal einen Tag lang raus aus dem Alltagsallerlei und rein in die Natur.

12H

Ferien für ein Wochenende

Warum auf die große Auszeit warten, wenn man einen Wochenendtrip in der Nähe machen kann? Vergnügen, Abenteuer und Wohlgefühl kompakt und intensiv.

36H

Abenteuer
ESKAPADEN
AUSZEIT
AUSGLEICH
Wochenende
LÄCHELN
STADT.LAND.
FLUSS.
FREE
LEICHTIG-
ERLEBEN
KEIT
GRÜN
kleine
Fluchten
Wege
Lebensfreude
NATUR
GLÜCK
von Thomas Diehl

LIEBE LESERIN, LIEBER LESER,

wie schön, dass es immer noch genügend Ecken gibt, in denen man der Natur nahe sein kann! Denn wo sonst könnte man ein solches Fest für die Sinne feiern? Kiefernharz und Moos riechen, den Blick über weit gestaffelte Hügelketten schweifen lassen, dem heiseren Schrei der Reiher lauschen, samtweichen Waldboden unter den Füßen spüren, Beeren und Tau schmecken ...

Ob auf einer Wanderung auf wurzelbedeckten Pfaden, einer Rad-Stippvisite, bei einem Bad im weichen Moorwasser, einem aussichtsreichen Picknick oder Kraxeleien auf Felsen und Burgen – die Pfalz mit dem Naturpark Pfälzerwald und der Rebenlandschaft entlang der Deutschen Weinstraße macht's möglich.

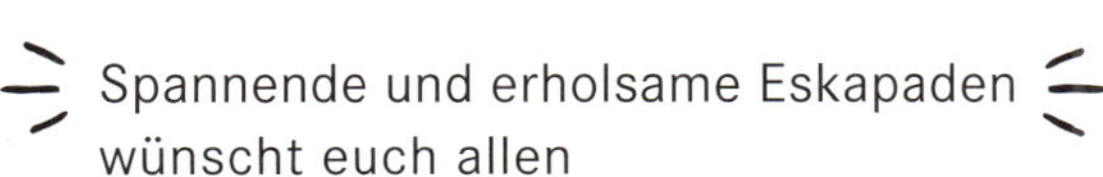

Spannende und erholsame Eskapaden wünscht euch allen

PS: Informationen zum GPX-Download gibt's auf Seite 224.

AUSZEIT.
ABENTEUER.
LEBENSFREUDE.

1. KAPITEL ABSTECHER

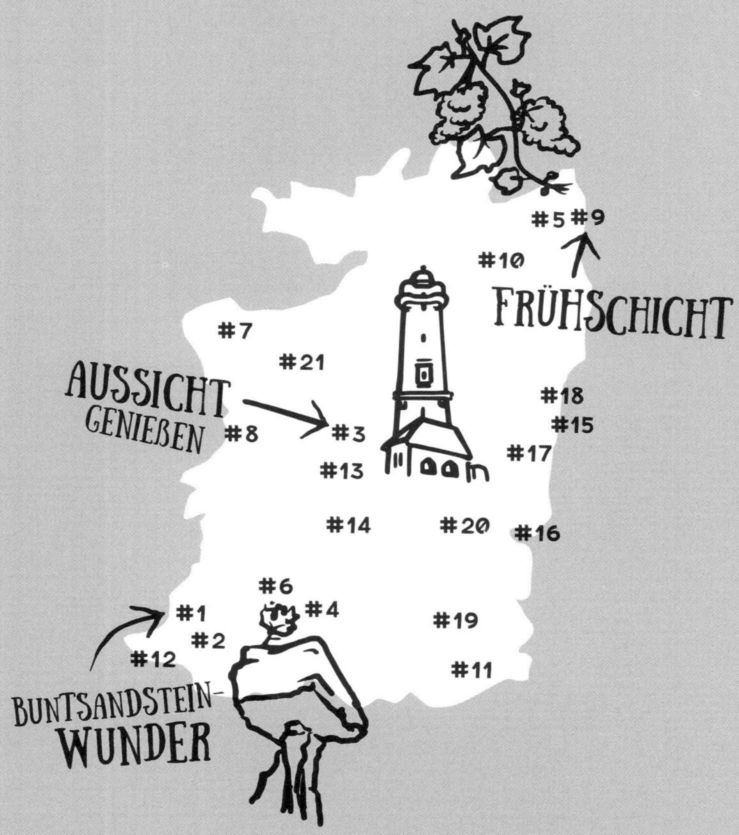

Nur ein paar Stündchen

Spannende und erholsame Naturerlebnisse im Gehen, Stehen, Sitzen oder Liegen – herumstreunen, kraxeln, picknicken, baden, schauen und staunen ...

4H

BUNT-SANDSTEIN-WUNDER

... an den Eppenbrunner Altschlossfelsen

Unweit der französischen Grenze, in einem entlegenen Winkel des Pfälzerwaldes, liegt eines der größten Naturwunder der deutschen Mittelgebirge: die Altschlossfelsen. Im Frühling, wenn das frische Buchenlaub auf die rostroten Felsen trifft, bietet sich hier ein unvergessliches Farbschauspiel.

#Buntsandstein #grünundrot #Premiumweg #Felstürme #Südwestpfalz

Staunenswert: Der Farben- und Formenreichtum der pfälzischen Buntsandsteinfelsen.

Wer einen etwas ungeliebten Gast mit zu den Altschlossfelsen in der Südwestpfalz nimmt, läuft Gefahr, ihn nicht so schnell wieder loszuwerden. Denn der wird sich nicht sattsehen können an den bizarren Formen, den feinen Farbschattierungen, den Türmen, Überhängen, Höhlen, Quergängen, Kaminen und Kugelsteindecken.

Gängiger Ausgangspunkt ist der Wanderparkplatz am Spießweiher wenige Fahrminuten von Eppenbrunn entfernt. Dort herrscht am Wochenende mitunter reger Betrieb – nicht nur wegen der Altschlossfelsen, sondern weil viele Liebhaber der rustikalen elsässischen Küche von hier aus über die Grenze nach Roppeviller pilgern.

Mit einem Paukenschlag empfangen die Altschlossfelsen Wanderer und Hobbyfotografen: vier überhängende Türme, zwischen denen ein Durchschlupf auf die sonnige Südseite des Felsmassivs führt.

Auf dem Helmut-Kohl-Wanderweg geht es zunächst durch ein freundliches Wiesental und dann mit dem Logo des Premiumwegs »Altschlosspfad« hinauf zu den östlichen Altschlossfelsen. Nun beginnt das große Staunen: Vier wuchtige, senkrecht in den Himmel ragende Türme bilden ein würdiges Empfangskomitee. Wer genau hinschaut, entdeckt einen in den Fels gehauenen Treppenaufgang – Relikt einer kleinen mittelalterlichen Burganlage, deren Zweck im Dunkeln liegt.

Zwischen den Türmen gibt es einen Durchgang zur Südseite des Massivs. Dort führt ein gewundener Pfad über 1,5 Kilometer an der grandiosen Felsszenerie entlang. Etwa in der Mitte wird ein Felsentor passiert, dann folgen weit überhängende Wände und mehrere Abris, wie man die höhlenartigen Einbuchtungen am Boden nennt.

An einem kleinen Sattel enden die Altschlossfelsen. Hier verlässt man den Premiumweg, wendet sich scharf nach rechts und steigt in fünf Minuten hinauf zu einem Aussichts-

So einsam es hier auch aussieht: An Wochenenden herrscht am Spießwoog, dem Ausgangspunkt der Altschlossfelsen-Wanderung, reger Betrieb. Eine der markantesten Stellen des 1,5 Kilometer langen Pfads ist das Felsentor.

plateau. Ein idealer Platz, um mit Blick in die elsässischen Nordvogesen die im Rucksack mitgebrachte Brotzeit zu verspeisen. Gelegentlich wird die Stille durchbrochen von Geböllere – der Truppenübungsplatz im französischen Bitsch ist nicht weit. Auf einem Höhenweg über den Brechenberg gelangt man dann immer oberhalb der Felsen zurück zu den Türmen.

Tipp: Wenn man schon einmal hier ist, lohnt sich ein Ausflug ins 25 Fahrminuten entfernte Bitsch. Neben französischem Flair erwartet den Besucher eine riesige Zitadelle des berühmten Festungsbaumeisters Vauban, ein Multimediaspektakel führt ihn in kriegerische Zeiten zurück (www.citadelle-bitche.com).

FAZIT: EINE ESKAPADE FÜR ALLE. AUF EINER KURZEN RUNDTOUR MIT NUR WENIG SCHWEIß ZU EINEM WIRKLICH EINZIGARTIGEN BUNTSANDSTEINWUNDER.

Hin & weg: Bahnhof Pirmasens, Buslinie 255 nach Eppenbrunn, Haltestelle Ortsmitte, am Dorfweiher vorbei 2 km bis zum Wanderparkplatz Spießwoog. Oder mit dem Auto direkt zum Wanderparkplatz.

Dauer & Strecke: 1,5 Std. reine Gehzeit, 3 Std. mit Pausen, 6 km.

Beste Zeit: Ganzjährig, besonders schön im Mai bei frischem Buchenlaub.

Ausrüstung: Leichte Wanderschuhe, Kamera - und wer mag: Picknickrucksack.

IM REICH DER REIHER

#2

Ein dunkler Teich mit schilfbewachsenen Ufern, ausgebreitet in einer weitläufigen Talaue, dahinter eine Hügelsilhouette. Dann und wann das Quaken eines Froschs, der Schrei eines Graureihers oder das Surren einer Libelle. Ansonsten: Stille. Das ist der Pfälzerwoog, der wohl schönste Woog des Pfälzerwaldes.

Vom Lindelskopf hat man einen schönen Blick über die freundliche Tallandschaft um Ludwigswinkel.

Rund 1000 meist künstlich angelegte Stillgewässer, im Süden Deutschlands als Wooge bezeichnet, mit einer jahrhundertealten Geschichte gibt es im Pfälzerwald. Die dorfnahen trugen als Fischweiher zur Nahrungsversorgung der Bevölkerung bei, die abgelegenen dienten zum Wässern von Wertholz oder speisten die Holztriftbäche. Heute, da ihre wirtschaftliche Bedeutung zurückgegangen ist, erfreuen die Wooge Erholungssuchende als Badeweiher oder als willkommene Abwechslung im Grün der Wälder. Der Pfälzerwoog liegt »In de Hecke«, wie die Einheimischen liebevoll das Gebiet um Fischbach und Ludwigswinkel nennen. Hier, unweit der französischen Grenze, drehen sich die Uhrzeiger langsamer als anderswo.

Am Freizeitgelände Birkenfeld überquert man die wenig befahrene Straße und findet gleich den Einstieg zu einem Skulpturenpfad, an dem der Holzkünstler Perry Sutton 33 geheimnisvolle Holzfiguren installiert hat, die Geschichten und Mythen der Region lebendig werden lassen. Rechts herum geht es am Hang des Lindelskopfes entlang, bis man auf das gelbe Logo der Wasgau-Seen-Tour trifft. Dieser folgt man auf einem Serpentinenpfad durch einen prachtvollen Eichenwald hinauf auf den Lindelskopf, einen kleinen Aussichtsfelsen, und dann hinunter in die Talsenke mit dem Pfälzerwoog. Wer dort nicht zur Ruhe kommt, der findet sie nirgendwo.

Der Rückweg kann abgekürzt werden, indem man nach einem kleinen Aufstieg nicht dem gelben Logo nach links folgt, sondern geradeaus weiterläuft und so direkt auf den Skulpturenpfad stößt.

Tipp: Wer Lust auf eine längere Wanderung in die Umgebung hat, kann sich gleich die Wasgau-Seen-Tour vornehmen, einen 21 Kilo-

FAZIT: EIN WEIHER NUR UMGEBEN VON DEN GERÄUSCHEN DER NATUR – DER IDEALE PLATZ, UM ZU ENTSPANNEN.

Hin & weg: Bahnhof Hinterweidenthal, Buslinien 252 und 251 über Dahn nach Ludwigswinkel, Haltestelle Post, 10 Min. Fußweg zum Freizeitpark Birkenfeld. Oder mit dem Auto zum Freizeitpark Birkenfeld.

Dauer & Strecke: 1,5 Std. reine Gehzeit plus lange Pause, um in die Natur hineinzuhören, 5,8 km.

Beste Zeit: Ganzjährig.

Ausrüstung: Leichte Wanderschuhe.

Wer den Pfälzerwoog besucht, nimmt sich die Zeit, um auch die kleinen Wunder der Natur am Wegesrand zu genießen – den Schilfgürtel, die Wasserpflanzen, ein Spinnennetz im Ufergras.

meter langen Premiumweg, der am Biosphärenhaus in Fischbach beginnt. Er verbindet mit nur geringen Anstiegen die vielen Gewässer der Region.

Und noch ein Tipp: Nicht nur Familien mit Kindern schätzen den Ludwigswinkler Barfußpfad – ein unterhaltsames Sinnenerlebnis inmitten einer weitläufigen Talaue. Am Kiosk des Freizeitparks Birkenfeld holt man sich für wenig Geld eine Eintrittskarte, stellt seine Schuhe ab und nimmt, da man nicht weiß, wie lange man sich auf dem Barfußpfad amüsieren wird, noch eine kleine Stärkung zu sich.

Dieser Ausblick!

Unscheinbar erscheint sie zunächst, die Burgruine Neukastel, im Vergleich zu ihren glanzvollen Nachbarn Trifels, Madenburg und Landeck. Keine Burgmauern, Türme und Zinnen, keine Burgschänke, nur ein klobiger Fels mit zwei in den Stein gehauenen Treppen, einer kleinen Felsenkammer, ein paar Balkenlöchern. Aber dann der Ausblick!

#Slevogt #Trifelsland #Aussichtsbalkon #Weinstraße

Durch den geheimnisvollen Wald auf dem Gipfelplateau des Föhrlenberges geht es hinunter zur verwunschenen Burgruine Neukastel.

Wer den direkten Weg zum Ziel liebt, hält sich am Wanderparkplatz an die Beschilderung und kommt so auf einem sonnigen Weg mit wenig Schweiß zur Burgruine. Wesentlich ergiebiger ist es, noch den aussichtsreichen Gipfel des Föhrlenberges mitzunehmen. Dafür einige Meter östlich des Wanderparkplatzes eine Schranke passieren und etwa 30 Meter dahinter links dem steilen Pfädchen folgen, das in Spitzkehren zum Slevogtfels hinaufführt. Jetzt schon rasten? Aber sicher! Eine bequeme Bank, Burg Trifels und ihre Traban-

Im Slevogthof unterhalb der Burgruine lebte und arbeitete der impressionistische Maler Max Slevogt. Die Rheinebene bot ihm Motive in Hülle und Fülle.

ten Anebos und Münz direkt vor Augen, dazu der stolze Rehberg und der Fernblick in den südlichen Wasgau – was will man mehr?

Mit guten Gründen geht es dann doch weiter hinauf auf den 530 Meter hohen Föhrlenberg. Am Ende des langgezogenen Gipfelplateaus, an einer Paraglider-Absprungrampe, schaut man zum ersten Mal auf dieser Wanderung in die Rheinebene hinunter – welch dramatischer Wechsel der Szenerie!

Ein kurzer Serpentinenpfad führt hinab zur Weggabelung Hexentanzplatz. Dort beginnt ein ebener Kastanienwald-Höhenweg zum Fuß der von Efeu umrankten Burgruine. Da der 459 Meter hohe Burgberg in die Rheinebene vorgeschoben ist, bietet sich auf der geräumigen Aussichtsplattform ein einzigartiges 360-Grad-Panorama. Ranschbach und Leinsweiler heißen die Weindörfer am Fuße des Berges. Im Süden bildet die Madenburg den Blickfang, hinter der Rheinebene ragt der Schwarzwald mit der Hornisgrinde empor. Im Westen schaut man ins Trifelsland, im Norden bis zur Großen Kalmit, der höchsten Erhebung im Pfälzerwald.

Im 13. Jahrhundert gehörte die Burg zu einem Ring von Befestigungsanlagen, deren Hauptaufgabe der Schutz der Barbarossaburg Trifels war. Wie so viele pfälzische Burgen wurde Neukastel dann als Objekt mittelalterlicher Immobilienspekulation von Besitzer zu Besitzer verschoben, überstand Zerstörungen im Bauernkrieg und im Dreißigjährigen Krieg, um dann 1689, als die Truppen des Generals Mélac die Kurpfalz verwüsteten, endgültig zerstört zu werden.

Auf dem Rückweg lassen sich einige Höhenmeter sparen, wenn man am Hexentanzplatz den breiten Forstweg links nimmt, statt noch einmal den Föhrlenberg zu überschreiten.

FAZIT: WENN ES EINEN PLATZ AN DER DEUTSCHEN WEINSTRASSE GIBT, DER DIE BEZEICHNUNG AUSSICHTSBALKON DER PFALZ VERDIENT, DANN IST ES NEUKASTEL.

Hin & weg: Wanderparkplatz Ahlmühle an der Trifelsstraße, Buslinie 527 ab Bahnhof Annweiler. Oder mit dem Auto von Annweiler 5 km Richtung Trifels zum Wanderparkplatz an einer Linkskurve.

Dauer & Strecke: 1,5 Std. reine Gehzeit, mit Guckpausen eher 2,5 Std. 4,5 km, 210 hm.

Beste Zeit: Ganzjährig, besonders schön an klaren Frühlings-, Herbst- und Wintertagen.

Ausrüstung: Leichte Wander- oder Sportschuhe, gut gefüllter Picknickrucksack.

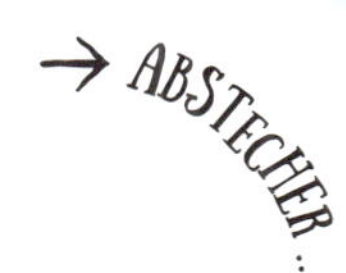

BARFUß AUF DEN BERG

#4

Für das sinnliche Erlebnis einer Wanderung auf bloßen Füßen braucht es im Pfälzerwald keine ausgewiesenen Barfußwege – man suche sich einfach einen der samtweich federnden, mit Fichten- und Kiefernnadeln bedeckten Wurzelpfade. Ein solcher führt auf den Hochstein bei Dahn, der tiefe Einblicke in die Welt der pfälzischen Kletterei vermittelt.

#Klettergeschichtehautnah #Felsen #Dahn #Soldatenfriedhof #Altdahn

An den von der Sonne verwöhnten Wandfluchten der Hochstein-Südwand genießen Kletterer die Wonnen einer langen Abseilstrecke.

Unter den Kletterpionieren des Hochsteins finden sich internationale Stars wie Wolfgang Güllich, der auch als Kletterdouble von Sylvester Stallone bekannt wurde. Der Löwenanteil der Erschließung ist allerdings mit zwei pfälzischen Kletterlegenden verbunden: Fred Frey und Hans Laub aus Pirmasens.

Bereits in den 1930er-Jahren hatte Frey einige Routen erstbegangen, die auch der heutigen Sportklettergeneration noch einiges abfordern. Hans Laub eröffnete – teilweise noch zusammen mit dem 20 Jahre älteren Frey – ab Mitte der 1940er-Jahre zahlreiche weitere schwierige Varianten, von denen vor allem jene in der »Grauen Wand« Kultstatus genießen. Berühmte Wege wie der »Dornenriss«, der »Eichenriss« und die »PK-Kante« tragen die traditionellen Bezeichnungen dieser Generation, bei jüngeren Routen dominiert dagegen der lässige Sprachgebrauch der modernen Sportkletterszene: »Badedas«, »Herr der Ringe« oder »Tatort« heißt das dann.

So kommt man hin: Am Burgenparkplatz weist ein gigantischer Schilderbaum den Weg. Durch schönen Buchenwald geht es – am bes-

---

Hin & weg: Bahnhof Hinterweidenthal, Buslinie 252 nach Dahn, Haltestelle Süd, 20 Min. Fußweg zum Burgenparkplatz der Burgruine Altdahn. Oder mit dem Auto zum Burgenparkplatz.

Dauer & Strecke: 1 Std. reine Gehzeit, 3,5 km.

Beste Zeit: Ganzjährig, als Barfußwanderung und zum Beobachten von Kletterern Juni–September.

Ausrüstung: Picknickrucksack, Kamera, als Barfußanfänger zur Sicherheit noch leichte Wanderschuhe.

Von Süden zeigt sich die Spitze des Massivs mit der Hochsteinnadel in seiner ganzen Pracht. Wettergebeugte Kiefern prägen den lang gezogenen Hochsteinkamm, auf dem sich Aussichtspunkt an Aussichtspunkt reiht.

ten barfuß – in einer guten Viertelstunde hinauf auf den mit Krüppelkiefern, Zwergeichen, Heidekraut und Heidelbeergesträuch bewachsenen Bergkamm. Hinter der Soldatenhütte, einem offenen Felsloch, das in Kriegszeiten als Unterschlupf diente, liegt das gesicherte Felsplateau des Hochsteins. Spektakulär die Aussicht über das Dahner Felsenland, schwindelerregend der Tiefblick!

Wenn man sich sattgesehen hat, läuft man ein Stück zurück und steigt linkerseits zur Michaelskapelle ab, neben der ein großer Soldatenfriedhof an die Schrecken der Weltkriege erinnert. Auf der Südseite des Hochsteins hinter der etwas vom Massiv abgesetzten Hochsteinnadel sieht man am Wochenende viele Seilschaften in Aktion. Es darf gestaunt werden! Für den Rückweg kann man – immer noch barfuß – einen fast ebenen Waldweg auf der Nordseite des Bergs nehmen. Oder man bummelt südwärts und dann immer linksherum zum Burgenparkplatz zurück.

Tipp: Nur gute fünf Minuten sind es von hier hinauf zur Burgruine Altdahn. Dafür sollte man großzügig Zeit einplanen, denn es gibt viel zu steigen und viel zu sehen (Eskapade #44).

FAZIT: BARFUß SICH ERDEN UND DANN FELSAKROBATEN BEI IHREN KUNSTSTÜCKEN ZUSEHEN.

EIN GIPFEL FÜR ALLE

... kontrastreiche Runde auf dem Peterskopf

#5

Über dem Tal der Isenach erhebt sich bei Bad Dürkheim das Massiv des Peterskopfes. Dieser gemütliche Rundgang über das ausgedehnte Gipfelplateau verbindet einen wuchtigen Aussichtsturm mit einem magischen Felsen und der Einkehr in einem urigen Forsthaus.

 #WandernohneStress #Forsthaus #Bouldern #Bismarckturm #BadDürkheim

→ ABSTECHER ...

Einen eigenwilligen Empfang bereitet das Forsthaus Lindemannsruhe seinen Besuchern, bevor es zum Heidenfelsen geht.

Schon früh hat der 493 Meter hohe Berg, der die Rheinebene um fast 400 Meter überragt, die Menschen angezogen. Vor allem an seinem Südhang haben Kelten und Römer ihre Spuren hinterlassen: Da gibt es aus keltischer Zeit eine Kultstätte, den Teufelsstein, und einen 2,5 Kilometer langen Ringwall, die Heidenmauer. Dazu gesellt sich ein römischer Steinbruch, der heute Kriemhildenstuhl genannt wird.

Eine Höhenstraße führt bis in Gipfelnähe, kein Wunder also, dass der Peterskopf ein wahrer Vielzweckberg ist für Sitzbergsteiger, Spaziergänger, Wanderer, Radler und Biker. Alljährlich finden hier auch Triathlon- und Berglaufwettbewerbe statt. Man trifft sich am Forsthaus Lindemannsruhe, wo man im Schatten der Kastanienbäume oder in den urigen, mit allerlei ausgestopftem Getier dekorierten Gasträumen die deftige Pfälzer Küche genießen kann.

Doch zunächst steht etwas Bewegung an: Über das mit Kastanien, Zwergeichen und Krüppelkiefern dicht bewaldete Gipfelplateau kommt man in gut zehn Minuten zum Bismarckturm, einem wahren Ungetüm aus Buntsandstein. Um die Jahrhundertwende im

Der Anblick des wuchtigen Bismarckturms verrät es: Bis zur Aussichtsplattform sind einige Treppenstufen zu bewältigen. Exklusiv rasten kann man anschließend unter dem Heidenfelsen.

neuromanischen Stil erbaut, ragt er auf breitem Sockel ruhend 40 Meter in den Himmel. Mehr Buckelquader-Mauerwerk wurde bei keinem anderen pfälzischen Turm verbaut. Bescheidenheit war damals nicht angesagt, gab es doch im ganzen Reich einen wahren Überbietungswettbewerb beim Bau von Türmen zu Ehren des Reichskanzlers. Am Wochenende und mittwochs ist der Turm geöffnet, im Winter allerdings nur sonntags. Von oben sieht man über den nördlichen Pfälzerwald und die Rheinebene bis hin zum Taunus und Odenwald.

Das ehemalige Forsthaus Lindemannsruhe, heute eine beliebte Waldgaststätte, hat die warmherzige Architektur, die viele Forsthäuser im Pfälzerwald auszeichnet.

An zwei steinernen Picknicktischen vorbei geht es mit den Rundwegmarkierungen Nr. 9 und Nr. 7 westwärts zum Heidenfels, einem wilden Felstrümmergewirr. In vorchristlicher Zeit wurde der Fels als Kultstätte genutzt, in den letzten Jahrzehnten haben Boulderer den Platz für sich entdeckt, jene Kletterer, die sich in Bodennähe an artistischen Zügen versuchen. Zwei Treppen führen hinunter zum Felsfuß, wo eine Grotte mit einem steinernen Tisch einen ungewöhnlichen Rastplatz abgibt.

Auf einem hübschen Höhenpfad läuft man nun weiter westwärts zur Höhenstraße und mit dem Weg Nr. 7 rechtsherum zurück zur Lindemannsruhe (www.lindemannsruhe.de). Falls man dem Charme dieses Gasthauses erliegen sollte: Im Pfälzerwald gibt es noch etliche andere Wirtschaften in ehemaligen Forsthäusern zu entdecken – die heißen dann Hohe List, Silbertal, Heldenstein, Taubensuhl oder Beckenhof.

FAZIT: EIN GIPFELSPAZIERGANG FÜR JEDERMANN. AN SONNIGEN WOCHENENDEN KANN ES VOLL WERDEN!

Hin & weg: Bahnhof Bad Dürkheim, Buslinie 488 zum Forsthaus Lindemannsruhe zwischen Leistadt und Höningen. Oder mit dem Auto zum Forsthaus Lindemannsruhe.

Dauer & Strecke: 50 Min. reine Gehzeit, mit Turmbesteigung und Einkehr 2–3 Std., 3 km.

Beste Zeit: Ganzjährig.

Ausrüstung: Leichte Sport- oder Wanderschuhe.

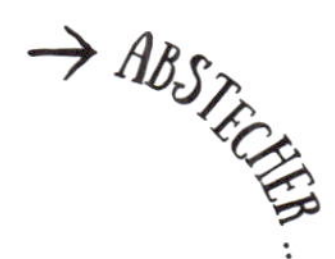

ALPEN-GLÜHEN AUF PFÄLZISCH

… am Wachtfelsen im Dahner Felsenland

Rund um das schmucke Städtchen Dahn, dem Zentrum des Dahner Felsenlands, wird nahezu jede Erhebung von einem Felsgebilde gekrönt. Besonders nach Sonnenaufgang und in der Abenddämmerung bieten die Buntsandsteintürme und -wände ein aufregendes Farbenspiel – günstiges Wetter vorausgesetzt.

#Buntsandsteinglühen #Wachtfels #FelslandBadeparadies

Auf dem Weg zum Wachtfelsen passiert man die 26 Meter hohe Felsformation Braut und Bräutigam. Kletterer lieben es, zwischen den beiden Türmen hochzuspreizen.

Pfälzerwald-Neulinge kommen beim Anblick der südpfälzischen Buntsandsteinfelsen kaum aus dem Staunen heraus: Mehr als 140 große Massive und über 80 freistehende Türme sorgen für ein einzigartiges Landschaftsbild. Besonders gehäuft sieht man diese Naturdenkmäler im Dahner Felsenland, bei Hauenstein und im Trifelsland rund um Annweiler. Aber auch weit im Südwesten des Pfälzerwaldes und in den angrenzenden Nordvogesen gibt es beeindruckende Felsformationen.

Im nördlichen und im zentralen Pfälzerwald, wo das Gestein weniger fest ist, findet man dagegen nur wenige größere Felsen, dafür oftmals kleine Trümmerbrocken in den Gipfelregionen oder von großen Steinen übersäte Berghänge. Woher die rotbraune Farbe der Felsen kommt? Es ist der hohe Eisengehalt des Gesteins. Was man da bewundert, ist Eisenoxyd – also Rost.

Kletterer kommen von weither, um sich an den Felsen mit ihrer schier unerschöpflichen Routenauswahl abzuarbeiten. Die Vereinigung der Pfälzer Kletterer hat dazu eine umfassende Felsdatenbank zusammengestellt (www.pfaelzer-kletterer.de). Auch der Nichtkletterer kann – oft über gesicherte Steiganlagen – viele Felsen besteigen und sich den aufregenden Tief- und Fernblicken hingeben.

So am Wachtfels, der nur einen Katzensprung von der Dahner Jugendherberge entfernt auf einer Bergkuppe über dem Wieslautertal thront. Eine lange Eisentreppe führt hinauf zu einer geländerbewehrten Plattform. Nahezu unerschöpflich die Felsformen, die man von hier aus inspizieren kann: mächtige Rampen, die meist in West-Ost-Richtung aus einem Bergkamm hervorspringen wie der Jungfern-

Von der Aussichtskanzel auf dem Wachtfelsen lässt sich das gesamte Dahner Felsenrund überblicken – zu jeder Tageszeit ein Erlebnis!

sprung über den Dächern von Dahn (Eskapade #49) oder der Hochstein im Osten (Eskapade #4), frei auf Kegelbergen stehende Felsenschiffe wie der Lämmerfelsen und der Büttelfelsen im Süden, Hangfelsen wie die Rotgraue Wand am Nordrand der Büttelwoog genannten Talsenke unter dem Wachtfelsen, dazu Türme wie Braut und Bräutigam am Zufahrtssträßchen zur Jugendherberge.

Wer Glück mit dem Wetter hat und die richtige Uhrzeit erwischt, etwa eine Dreiviertelstunde vor Sonnenuntergang, kann vom Wachtfelsen aus ein Alpenglühen auf Pfälzisch erleben: das Buntsandsteinglühen!

Tipp: Vor oder nach der Wachtfelsen-Abendstunde kann man es sich direkt nebenan in den Schwimmbecken oder im finnischen Saunadorf des Felsland Badeparadieses gut gehen lassen (www.felsland-badeparadies.de).

FAZIT: LEICHT ZU ERREICHENDE AUSSICHTSPLATTFORM, VON DER SICH DIE SÜDPFÄLZISCHE FELSENLANDSCHAFT BESTAUNEN LÄSST – AM BESTEN ABENDS.

Hin & weg: Bahnhof Hinterweidenthal, Buslinie 252 nach Dahn, Haltestelle Süd, 10 Min. Fußweg zum Felsland Badeparadies. Oder mit dem Auto zum Felsland Badeparadies.

Dauer & Strecke: 30 Min. reine Gehzeit plus ausgiebige Schaustunde, 1,6 km.

Beste Zeit: April bis November.

Ausrüstung: Fotoapparat, eventuell warme Kleidung für die Abendstunde, ein Schluck zum Anstoßen.

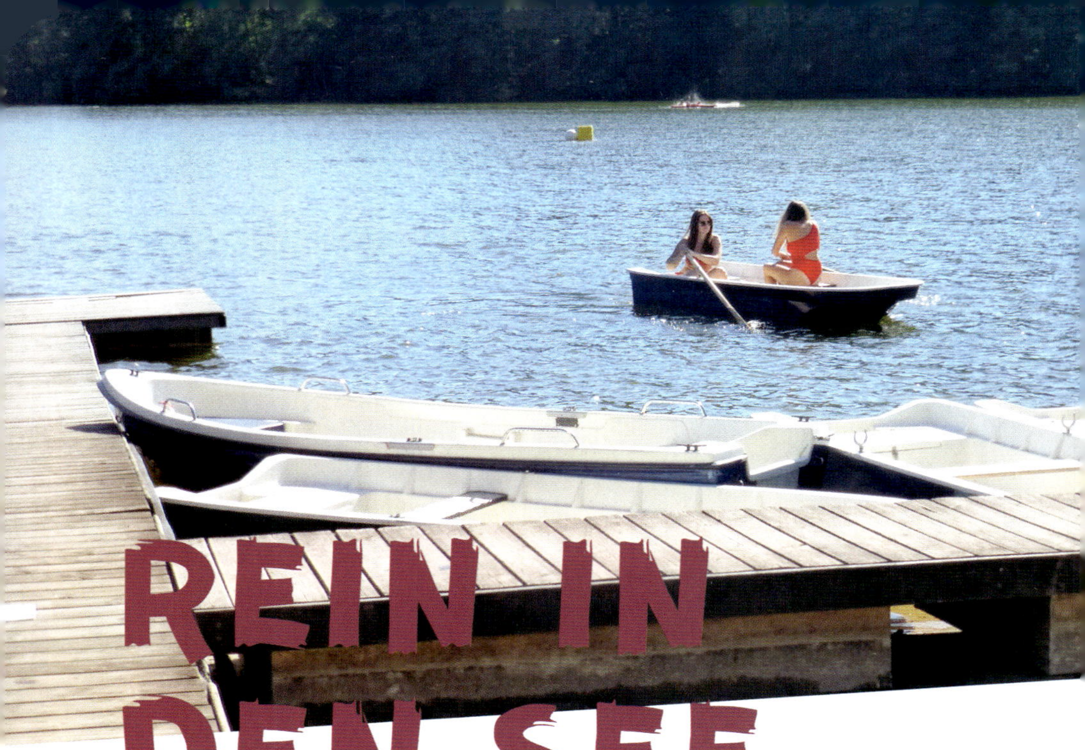

REIN IN DEN SEE

... am Gelterswoog

#7

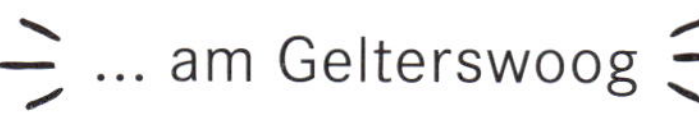

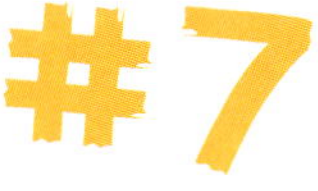

Größere Badeseen sucht man im Pfälzerwald vergeblich. Dafür gibt es eine ganze Reihe badetauglicher Wooge. Einer davon, der größte, hat sogar ein richtiges Strandbad: der Gelterswoog bei Kaiserslautern. Wer wollte an einem warmen Sommertag einer solchen Versuchung widerstehen?

#Wooge #Bootsverleih #Hohenecken #Kaiserslautern

So viel freien Platz gibt es am sandigen Badeufer des Gelterswoogs nicht immer – das Strandbad zieht Besucher aus einem weiten Umkreis an.

Treffpunkt der Badefreunde ist das am Nordufer gelegene Strandbad mit seinem 150 Meter langen Sandstrand, dessen rostroter Sand reizvoll mit der schwarzbraunen Farbe des Moorgewässers kontrastiert. Bewegung wird hier großgeschrieben: Auf einer Wiese kann man Fußball und Volleyball spielen oder auf der Slackline balancieren, für die Kleinen gibt es einen Abenteuerspielplatz. Und zu einem richtigen Badesee gehört natürlich auch ein Kanu-, Ruder- und Tretbootverleih.

Ganz nebenbei bietet das Strandbad ein echtes Nostalgieerlebnis, denn seit der Mitte des vergangenen Jahrhunderts hat sich hier kaum etwas verändert. Am Kiosk findet man noch die aus der Zeit gefallenen Beschriftungen »Kolonialwaren« und »Im- und Export«, auch das Imbissgebäude hinter dem birkenschattigen Biergarten atmet den Charme der Fünfziger. Schwer vorstellbar, dass hier noch bis in die Nachkriegszeit hinein das Baden verboten war und Geistliche oder Forstleute zur

Abschreckung die Kleider ertappter Sünder einsammelten, bevor sie sie aus dem Wasser trieben. Damals gab es auch noch nicht die Anlagen der beiden Wassersportclubs, die den Gelterswoog für ihr Kajak- und Kanutraining nutzen, den fast ganz von Dauercampern belegten Campingplatz am Südufer und das Hotel-Restaurant mit seiner einladenden Seeterrasse (www.seehotel-gelterswoog.de).

Für das alles kann man sich bei den Altvorderen bedanken, die im Mittelalter rund um

Ein Genuss für Faulenzer ist der lange Sandstrand, aber auch Wassersportler können sich richtig austoben – ob beim Stand-up-Paddling, Rudern, Kanu- oder Kajakfahren. Zwischendurch gibt's eine Erfrischung am nostalgischen Kiosk.

Kaiserslautern ein ganzes Netz von Woogen zur Fischzucht angelegt haben. Ein Fisch ziert denn auch das Stadtwappen der Fußballstadt. Als im 18. Jahrhundert andere Wirtschaftszweige in den Vordergrund rückten, legte man viele Weiher trocken und nutzte die Verlandungsgebiete als Viehweiden – der Gelterswoog blieb glücklicherweise davon verschont.

Tipp: Am Westende des Sees liegt ein Naturschutzgebiet mit der etwas akademischen Bezeichnung »Täler und Verlandungszonen am Gelterswoog«. Keine schlechte Idee, den Badetag mit einem Streifzug durch die verzweigte Tallandschaft ausklingen zu lassen! Startpunkt ist der Campingplatz, ein Woog im Walkmühltal gibt ein lohnendes Zwischenziel ab. Eine gute Stunde wird man dafür unterwegs sein – am besten im Uhrzeigersinn.

Hin & weg: Buslinie 111 von Kaiserslautern, Haltestelle Gelterswoog-Kajakvereine. Oder mit dem Auto zum Parkplatz am Strandbad.

Dauer & Strecke: Baden je nach Gusto, Spaziergang durch das Naturschutzgebiet 1–2 Std., 5 km.

Beste Zeit: Mai–September.

Ausrüstung: Badesachen, eventuell leichte Wander- oder Sportschuhe.

FAZIT: EIN HOTSPOT FÜR ALLE, DIE DAS SCHWIMMEN IN NATURGEWÄSSERN LIEBEN UND TROTZDEM ETWAS KOMFORT SCHÄTZEN. NOSTALGIE INKLUSIVE.

WEIT, WEIT HINTEN

... durchs Schwarzbachtal zum Silbersee

Der Schwarzbach ist das größte der Flüsschen, die den Pfälzerwald nach Westen hin entwässern. Sein stiller Oberlauf zwischen Johanniskreuz und Waldfischbach-Burgalben berührt auf einer Länge von 16 Kilometern kein einziges Dorf. Ein Tal wie geschaffen für eine kleine Radtour weit jenseits des Alltagstrubels.

#Camping #Pritscheln #Clausensee #Holzland #Johanniskreuz

Weit hinten im Schwarzbachtal und fernab jeglicher menschlicher Behausung liegt der Ramschelweiher. Jetzt nur schauen und die Füße ins kristallklare Wasser hängen oder doch ein kühles Bad nehmen?

Auf einem gepflegten, wenig frequentierten Radweg geht es zunächst – immer auf der straßenfreien Seite des weiträumigen Wiesentals – zum Clausensee. An dem künstlich angelegten Weiher liegen zwei Campingplätze und eine öffentliche Badewiese. Zwei Kilometer weiter geht der Radweg in ein für den Autoverkehr gesperrtes Forststräßchen über, welches in das weltabgeschiedene obere Schwarzbachtal hineinführt. Das ist nun endgültig ein fast meditatives Erlebnis: ein weitgehend naturbelassener Bachlauf mit üppiger Flora, die den Forellen Schutz bietet, von moosigen Felsblöcken übersäte Berghänge, Wildspuren, am Himmel kreisende Raubvögel und weltferne Stille.

Zwischendurch lässt man das Rad stehen, zieht die Schuhe aus und stromert durch das sandige Bachbett, solange die Waden das kühle Wasser ertragen. Oder man nutzt den Bach an einem lauschigen Rastplatz zum »Pritscheln« – so heißt im Süden das, was anderswo »Plantschen« genannt wird. Nirgendwo im Pfälzerwald geht das besser als hier.

An der Einmündung des Hahnenseybächels endet die Asphaltierung und der Weg führt auf Feinschotter in vielen Windungen zum Ramschelweiher. Dieser ist in der Karte nicht namentlich bezeichnet; Einheimische nennen ihn treffend »Silbersee« oder »Stammweiher«, da er zum Wässern von Holz diente. Mit seinem kristallklaren, auch im Hochsommer erfrischenden Wasser lädt er zu einem verschwiegenen Bad ein.

Tipp: Kulturhistorisch Interessierte radeln noch etwas talaufwärts – hinter einer aus grobem Buntsandstein gemauerten Köhlerhütte sieht man die Überreste von Köhleröfen. Sportliche Radler, die einen längeren Anstieg nicht scheuen, können weiter hinauffahren bis nach Johanniskreuz, einer am Wochenende von Bikern heimgesuchten Höhensiedlung mit zwei Gaststätten.

FAZIT: DIE RADTOUR IST ETWAS FÜR GENIEßER, DENEN DAS NATURERLEBNIS WICHTIGER IST ALS DIE ZURÜCKGELEGTEN KILOMETER.

Am Beginn der Radtour präsentiert sich das Schwarzbachtal als weitläufiger Wiesengrund, bevor es dann zum Badeweiher Clausensee und weiter in den waldigen Teil des Tals geht.

Hin & weg: Zug nach Waldfischbach, dann zum Ortsteil Burgalben und auf der K 32 Richtung Clausensee zum Beginn des Radwegs hinter dem Ortsausgang.

Dauer & Strecke: 2–2,5 Std. reine Fahrzeit, hin und zurück ca. 30 km.

Beste Zeit: April–November, zum Baden und Pritscheln Mitte Juni–Mitte September.

Ausrüstung: Stabiles Rad (die letzten Kilometer verlaufen auf einem feinschottrigen Weg), Picknickrucksack, Badesachen.

FRÜH-SCHICHT

... morgens durch Freinsheim

Im Norden der Deutschen Weinstraße liegt, mit der gewiss schönsten Altstadt der Pfalz, die Weinbaugemeinde Freinsheim. Da ist einiger Trubel vorprogrammiert, zumal die Ballungsgebiete an Rhein, Main und Neckar nicht fern sind. Frühmorgens dagegen kann man sich in aller Ruhe dem romantischen Zauber des kleinen Städtchens hingeben.

#Stadtmauer #Rundgang #Altstadt #Weinstraße #Picknick

Auf das 15. Jahrhundert geht die spätgotische Stadtmauer von Freinsheim zurück. Beim 1,3 Kilometer langen Rundgang kommt man auch am Eisentor vorbei.

Eine fast vollständig erhaltene Stadtmauer im spätgotischen Baustil, deren Ursprünge auf das 15. Jahrhundert zurückgehen, umschließt den historischen Ortskern der 5000-Seelen-Gemeinde. Beim Rundgang durch die verwinkelten Gässchen und entlang der 1300 Meter langen Stadtmauer wird man sich sofort in Freinsheim verlieben, in die stolzen Bürgerhäuser, die kleinen Wohnhäuser mit ihren liebevoll ausgestalteten Fassaden, die traditionellen Bauerngärtchen, das weinumrankte Sandsteingemäuer, die Tordurchgänge, Türmchen und Treppchen.

Hier atmet jeder Winkel Geschichte. Und die ist bekanntlich nicht immer lustig. Bis auf die Grundmauern zerstört wurde Freinsheim im Pfälzischen Erbfolgekrieg 1689 – ja genau, das ist das Jahr, in dem das französische Heer im Auftrag des Sonnenkönigs Ludwig XIV. unter dem Motto »Brûlez le Palatinat!« – brennt die Pfalz nieder – planmäßig die Kurpfalz verwüstete. Neben Speyer, Worms, Mannheim und Heidelberg wurden damals auch viele Dörfer, Kirchen, Burgen und Befestigungsanlagen im linksrheinischen Gebiet, der heutigen Pfalz, dem Erdboden gleichgemacht. Was man heute in Freinsheim bewundert, verdankt sich dem Wiederaufbau im frühen 18. Jahrhundert.

Nach dem ersten Frühstück in einem der hübschen Freiluftcafés sollte man sich unbedingt noch Zeit nehmen für einen Weinbergbummel vor den Toren des auf Pfälzisch »Fränsem« genannten Städtchens. Am nördlichen Ortsrand von Freinsheim beginnt der Musikantenbuckel-Weg, eine beschilderte Rundtour durch

Nach dem frühmorgendlichen Altstadtspaziergang und einem ausgiebigen zweiten Frühstück lohnt sich ein Weinbergstreifzug über den Musikantenbuckel.

die Weinberge. Dort, wo der sieben Kilometer lange Weg die nach Großkarlbach führende L 455 quert, liegt – ideal für das zweite Frühstück – Reibolds Pfälzer Weinbergsgarten, ein wunderhübscher Picknickplatz mit toskanischer Anmutung.

Der Musikantenbuckel-Weg ist den international erfolgreichen Musikantenfamilien aus Mackenbach in der Westpfalz gewidmet, die auf ihren Reisen auch in Freinsheim Station machten. Im Umgang mit Pfälzern sollte man übrigens eine etwas widersprüchliche sprachliche Sensibilität ernst nehmen: Wer die Westpfälzer als »Hinterpfälzer« bezeichnet, macht sich keine Freunde. Dagegen hören es die in der Rheinebene angesiedelten Vorderpfälzer gar nicht gern, wenn man sie »Ostpfälzer« nennt.

FAZIT: WER FRÜH AUS DEN FEDERN KOMMT, WIRD IN DER HISTORISCHEN ALTSTADT REICH BELOHNT.

Hin & weg: Bahnhof Freinsheim, Ausgangspunkt für den Weinbergspaziergang ist der Sportplatz (Dackenheimer Straße 40) neben der L 522. Wer in Freinsheim übernachtet, kann morgens noch früher starten!

Dauer & Strecke: Altstadt je nach Gusto, Weinbergspaziergang 1–2 Std., 7 km (Abkürzungen leicht möglich).

Beste Zeit: Die Altstadt während des ganzen Jahres, Weinberge Mai–November.

Ausrüstung: Gehfreundliche Schuhe, eventuell Picknickrucksack für den Weinbergspaziergang.

WIND UM DIE NASE

... auf der Burgruine Drachenfels

Was wäre die Pfalz ohne ihre mittelalterlichen Burgen! Über 50 davon gibt es alleine im Naturpark Pfälzerwald. Für Einsteiger ideal ist die Ruine Drachenfels bei Busenberg, eine leicht zu erreichende Felsenburg mit allem, was die Pfälzer Burgen ausmacht.

#Felsenburg #BusenbergerHolzschuhpfad #DahnerFelsenland

→ Abstecher …

Ob man den Blick in die Ferne zum Eyberg schweifen lässt oder durch die Fensterlöcher der Burgruine lugt – auf dem Drachenfels gibt es eine Menge zu sehen.

Die meisten Burganlagen im Pfälzerwald sind teilrestaurierte Ruinen. Vollständig wiederaufgebaut sind lediglich die Reichsfeste Trifels bei Annweiler und der Berwartstein bei Erlenbach. Auf exponierten Felsen hoch über den Tälern errichtet, waren die stolzen Buntsandsteinbauten schwer einnehmbare Festungen.

Hauptzweck der Burgen war die Sicherung wichtiger Verkehrswege und die Verteidigung gegen feindliche Truppen und räuberische Horden. Allerdings dienten sie auch als Herrschaftssymbol der Feudalherren – zum Angeben also. Meist wurden sie von Rittern oder Raubrittern und ihrem Gesinde bewohnt. Bei Überfällen fand auch die einfache Dorfbevölkerung Zuflucht in den Gemäuern – später Lohn für den Frondienst beim Bau der Anlagen. Die Gründungszeit der Burgen im 11. oder 12. Jahrhundert ist mit den Herrschergeschlechtern der Salier und Staufer verknüpft, ihr Niedergang mit Familienzwisten oder Kriegen. Besonders den Bauernkriegen, dem Dreißigjährigen Krieg und dem Pfälzischen Erbfolgekrieg fielen viele zum Opfer.

Am Drachenfels lässt sich alles besichtigen, was für eine Pfälzer Felsenburg typisch ist: dunkle Gewölbe, Kammern und Gänge, schwindelerregende Freitreppen und luftige Plattformen, Brunnenlöcher und Zisternen. Ins Gestein gehauene Balkenlöcher lassen die auf den Bur-

gen damals üblichen Holzaufbauten erahnen, Zangenlöcher die Technik zum Hochhieven der schweren Buckelquader. Eine skurrile Besonderheit der Burgruine Drachenfels: Schon im Mittelalter wurde hier das Prinzip der Eigentumswohnung realisiert; bis zu 25 Besitzer, die Ganerben, teilten sich die Wohneinheiten.

Über eine luftige Treppe lässt sich die höchste Aussichtsplattform erklimmen. Sie liegt auf einem bizarren Felssporn, den der Volksmund treffend »Backenzahn« nennt. Dort bietet sich ein herrliches 360-Grad-Panorama über das Dahner Felsenland. Man schaut über die Streuobstwiesen von Busenberg zu den vielgestaltigen Gipfeln des Wasgaus, versucht die Felsen zu zählen und lässt sich genüsslich den Wind um die Nase wehen. Nach der Burgbesichtigung wird man gern in der für ihre Erbsensuppe gerühmten Drachenfelshütte des Pfälzerwald-Vereins (www.pwv-busenberg.de) oder im Weißensteiner Hof einkehren (www.weissensteinerhof.de).

Tipp: Der Drachenfels ist einer der Höhepunkte des 24 Kilometer langen Premiumwegs Busenberger Holzschuhpfad, der als Panoramatour par excellence zehn Aussichtspunkte miteinander verbindet.

FAZIT: ALS MUSTEREXEMPLAR EINER WILD-BIZARREN FELSENBURG IST DER DRACHENFELS EIN IDEALER EINSTIEG IN DIE BURGENWELT DER SÜDPFALZ.

In den Fels gehauene Treppen führen auf die Oberburg, die eine umfassende Rundschau über das Dahner Felsenland bietet. Sogar der »Backenzahn«, die höchste Spitze der Burg, lässt sich so erklimmen.

Hin & weg: Bahnhof Hinterweidenthal, Buslinie 252 nach Dahn, Ruftaxi nach Busenberg-Ortsmitte, 15 Min. Fußweg zum Weißensteiner Hof östlich des Dorfs. Oder mit dem Auto zum Weißensteiner Hof.

Dauer & Strecke: 45 Min. reine Gehzeit, 3 km.

Beste Zeit: Ganzjährig.

Ausrüstung: Leichte Wander- oder Sportschuhe.

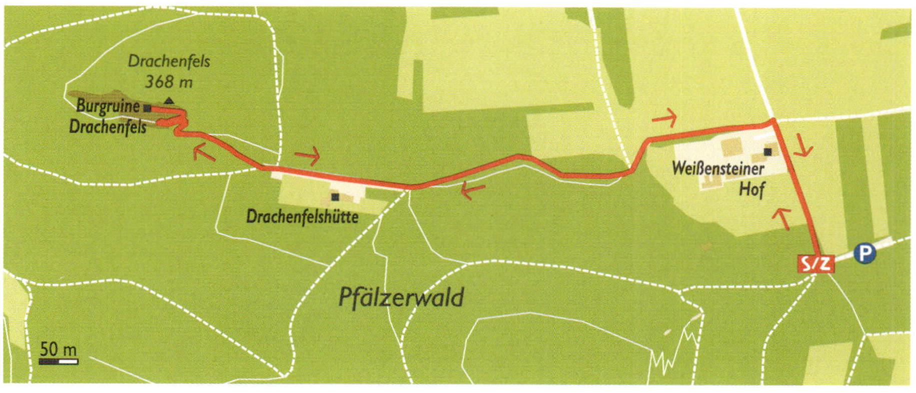

→ ABSTECHER …

IN FLIP-FLOPS ZUM TEUFEL

… von der Wieslauter zum Teufelstisch

Den Teufelstisch muss man einmal aus der Nähe gesehen haben – eine bizarre Felsgestalt, die verdientermaßen in die Top Ten der deutschen Naturwunder gewählt wurde. Im Tal darunter fließt die kühle, hier noch kristallklare Wieslauter. Was liegt da näher, als zuerst ins Wasser zu springen und dann in Flip-Flops zum Teufelstisch hinauf zu spazieren?

#Flussbaden #Wieslauter #Tischfelsen #Teufelstischsage

Wer einmal das Flussbaden für sich entdeckt hat, mag kaum noch davon lassen. Der Oberlauf der Wieslauter, die aus dem zentralen Pfälzerwald über Dahn und das elsässische Wissembourg zum Rhein fließt (Eskapade #47), ist dafür wie geschaffen. Neben einem Fachwerkhäuschen an der Wieslautertal-Bahnlinie stellt man das Auto ab, plantscht ein wenig, da das Gewässer zum richtigen Schwimmen nicht tief genug ist, und lässt sich dann auf der Luftmatratze zu einer weiteren Badestelle treiben – ein etwas in Vergessenheit gerate-

Das glasklare Wasser der Wieslauter wissen nicht nur Badefreunde zu schätzen, sondern auch die possierlichen Nutrias. Ein echtes Wahrzeichen der Pfalz ist der Teufelstisch.

nes Vergnügen. Der obere Badeplatz ist auch als Einstiegsstelle für Paddler ausgewiesen. Das Boot muss man allerdings selbst mitbringen und sich dann an die strengen Naturschutzregeln halten.

Jetzt hinauf zum Teufelstisch! Der ist zwar nicht der einzige Tischfelsen des Pfälzerwaldes, überbietet jedoch deutlich seine über 20 Artgenossen an Markanz, Größe und Wucht. Auf die Frage, wie die fast 300 Tonnen schwere Tischplatte auf den viel schmaleren Sockel gelangte, weiß die Teufelstischsage Antwort: Der Teufel habe einst auf einem seiner Streifzüge keinen guten Rastplatz gefunden, daraufhin voller Wut zwei Felsen gepackt und zu einem Tisch aufgetürmt.

Der Heimatdichter Fritz Claus hat dies in einem Gedicht festgehalten:

»Da – wie mit Blitzesschnelle
Packt jetzt zwei Felsen frisch
Der grimmige Geselle
Und stellt sie auf als Tisch.
Nachdem er dran gegessen,
Ging durch die Nacht er fort.
Den Tisch, wo er gesessen,
Den ließ er einfach dort ...«

Tipp: Wer Lust auf mehr hat, kann in wenigen Minuten zu zwei weiteren bizarren Felsgestalten flipfloppen, der Teufelsschmiede und der Teufelsküche, oder sich gleich den Premiumweg Teufelstisch-Tour vorknöpfen.

FAZIT: ORIGINELLE KOMBINATION ZWEIER VERGNÜGEN, DIE SICH BESTENS ALS AUFTAKT ZU EINEM ERLEBNISREICHEN TAG IM WIESLAUTERTAL EIGNEN.

Hin & weg: Parken an der Wieslautertal-Bahnlinie, Bahnhofstraße, oder Bahnhof Hinterweidenthal mit 5 Min. Fußweg zur Bahnhofstraße.

Dauer & Strecke: Baden je nach Gusto, Gehzeit Teufelstisch 25 Min., 1,5 km.

Beste Zeit: Juni–September.

Ausrüstung: Badesachen, Luftmatratze, Badelatschen.

EIN FEST FÜR DIE SINNE

... von Woog zu Woog im Stüdenbachtal

Einfach mal sich treiben lassen? In den Tag hineinträumen? Dann auf ins Stüdenbachtal! Eine weitläufige Tallandschaft mit stillen Seen, urwüchsigen Wiesen und malerischen Baumgruppen. Der perfekte Platz, um zumindest für ein paar Stunden einmal völlig zur Ruhe zu kommen.

#Sichtreibenlassen #Altschlossfelsen #Wooge #Südwestpfalz

→ ABSTECHER

Falls man auf einen Superlativ auch hier nicht verzichten mag: Nirgendwo im Pfälzerwald finden sich so viele Wooge nah beieinander.

Das Stüdenbachtal eignet sich für eine Eskapade im besten Sinne – für ein Abenteuer und eine kleine Flucht zugleich. Auf einem für Autos gesperrten Sträßchen bummelt man zunächst links an einem Angelweiher entlang, lauscht dem Stüdenbächlein und kommt bald zu einem lang gestreckten Woog, den frühere Generationen gern zum Baden nutzten.

Eine Viertelstunde nach dem Beginn des Naturspaziergangs am Stüdenbachweiher wird das ehemalige Forsthaus Stüdenbach passiert, das einzige Anwesen weit und breit.

Daneben liegt das weltferne ehemalige Forsthaus Stüdenbach. Im 18. Jahrhundert wurde hier eine Säge- und Lohmühle errichtet, in der aus Rinde und Holz Gerbstoff für die Lederherstellung gewonnen wurde. Im folgenden Jahrhundert machte die damals bayerische Verwaltung daraus ein Forsthaus. Später diente das romantische Anwesen als Schnapsbrennerei und Gastwirtschaft, heute ist es in privaten Händen.

Ab hier einen genauen Weiterweg vorzuschlagen, wäre eine kleine Sünde – ist im Stüdenbachtal doch gerade das spontane Herumstreunen der Schlüssel zum ganz besonderen Erlebnis. Deshalb zur Orientierung nur dies: Die wichtigsten Wooge sind der Stüdenbachweiher am Parkplatz, der Sägeweiher hinter dem ehemaligen Forsthaus

Der Stüdenwoog mit seiner fast nordisch anmutenden Atmosphäre ist das Herzstück des Stüdenbachtals. Den Tieren scheint's auch zu gefallen!

Stüdenbach und der große Stüdenwoog noch weiter hinten im Tal.

Die Seitentäler, von denen jedes einzelne einen Besuch wert ist, heißen Schneppenbachtal (hinter dem Sägeweiher rechts), Finsterbachtal (hinter dem Stüdenwoog rechts) und Schöneichelsbachtal (am Stüdenwoog links vorbei). Beschildert ist das alles nicht. Kein Problem, denn man kann hier getrost einmal der Devise »Namen sind Schall und Rauch« folgen. Verlaufen wird man sich, solange man im Tal bleibt, sowieso nicht.

Tipp: Wer einen ganzen Tag in diesem Winkel des Pfälzerwaldes verbringen möchte, besucht noch die Altschlossfelsen (Eskapade #1) und kehrt dann in einer der Eppenbrunner Gastwirtschaften ein.

FAZIT: IM STÜDENBACHTAL ERLEBT MAN EINE LANDSCHAFT IN VOLLKOMMENER HARMONIE – EINFACH RAUS UND GENIEẞEN!

Hin & weg: Bahnhof Pirmasens, Buslinie 255 nach Eppenbrunn-Ortsmitte, am Dorfweiher vorbei 2 km bis zum Parkplätzchen am Stüdenbachweiher. Oder mit dem Auto direkt zum Wanderparkplatz.

Dauer & Strecke: Je nach Streifzuglaune 1–3 Stunden, 4–9 km.

Beste Zeit: Ganzjährig.

Ausrüstung: Leichte Wander- oder Sportschuhe, Proviantrucksack und Picknickdecke.

STERNE AM HIMMEL

... Nachtwanderung auf den Luitpoldturm

#13

Wer den Pfälzerwald in seiner ganzen Ausdehnung erfassen möchte, sollte den Luitpoldturm ganz oben auf seine Agenda setzen. Zentral und hoch gelegen, vermittelt er die perfekte Rundumschau über das größte zusammenhängende Waldgebiet Deutschlands. Besonders pfiffig: der Turm in Verbindung mit Sternenguckerei und Nachtwanderung.

#Sternenpark #Kernzone #Biosphärenreservat #Aussichtsturm

Die Aussichtsplattform des Luitpoldturms: Ein Platz wie geschaffen, um den Sternenhimmel über dem größten zusammenhängenden Waldgebiet Deutschlands zu studieren.

Natürliche Dunkelheit ist in Europa aufgrund eines Übermaßes an künstlichem Licht zu einem knappen Gut geworden. Im Pfälzerwald jedoch gibt es noch echte Nachtlandschaften und einen sternenreichen Himmel. Als »Sternenpark« sollen diese Gebiete zukünftig gefördert und unter Schutz gestellt werden.

Besonders geeignet dafür ist die Gegend um den Luitpoldturm – außer den wenigen Lichtern des 550 Meter hoch gelegenen Weilers Hermersbergerhof, dem Ausgangspunkt der Eskapade, sieht man hier in einem weiten Umkreis keine einzige Lichtquelle. Eine Stunde vor Sonnenuntergang bricht man auf, folgt der guten Beschilderung und steigt die 166 Stufen zur Aussichtsplattform des ehrwürdigen Buntsandsteinturms hinauf. In der Dämmerung zählt man noch die umliegenden Gipfel – und kommt auf etwa 300. Nach Westen hin überblickt man ein riesiges Naturschutzgebiet, die »Kernzone Quellgebiet der Wieslauter«, wo sich in erstaunlichem Tempo ein natürlicher Urwald entwickelt. Wie das? Der Naturpark Pfälzerwald ist als Teil des grenzüberschreitenden UNESCO-Biosphärenreservats Pfälzerwald-Nordvogesen dazu verpflichtet, drei Prozent der Gesamtfläche von jedweder menschlichen Nutzung auszuschließen; diese hier ist die mit Abstand größte Schutzzone.

Dann das Sternenerlebnis! Viel Ausrüstung braucht es dafür nicht: Schon mit bloßem Auge wird man die bekannten Sternbilder des nördlichen Himmels entdecken – Großer und Kleiner Wagen, Orion und Kassiopeia, dazu fünf Planeten unseres Sonnensystems. Mit dem Fernglas sieht man auch die Jupitermonde, den Orionnebel und unsere Nachbargalaxie, den Andromeda-Nebel. Auf der Nachtwanderung zurück zum Hermersbergerhof ist dann statt Sehen eher Hören und Fühlen gefragt – der Pfad ist schmal und mit Wurzelwerk gespickt.

Tipp: Im Untergeschoss des Turms gibt es eine für eine Schlafsackübernachtung geeignete Kammer. So kann man zeitig genug oben sein, um den Tagesanbruch über den schier unendlichen Wäldern zu erleben. Eine Infotafel in der Kammer weist darauf hin, dass für den Bau des 1909 eingeweihten Turms der

In der 2400 Hektar großen Biosphärenreservatkernzone »Quellgebiet der Wieslauter« regiert die Natur: Die Tier- und Pflanzenwelt soll sich hier ganz ohne menschliche Eingriffe entfalten.

bayerische Prinzregent Luitpold die Patenschaft übernommen hatte – die Pfalz stand damals unter bayerischer Verwaltung.

FAZIT: EXTRAVAGANTE UNTERNEHMUNG AUF DEM »DACH DES PFÄLZERWALDES«. GANZ ZÜNFTIG MIT DEM BIWAK IM TURM.

Hin & weg: Bahnhof Hauenstein und mit dem Ruftaxi 2555 nach Hermersbergerhof.

Dauer & Strecke: 1 Std. Gesamtgehzeit, Aufenthalt je nach Gusto, 4 km.

Beste Zeit: Ganzjährig.

Ausrüstung: Wanderschuhe, Proviant, Taschenlampe, Fernglas oder Kamera mit gutem Objektiv, eventuell Schlafsack und Isomatte.

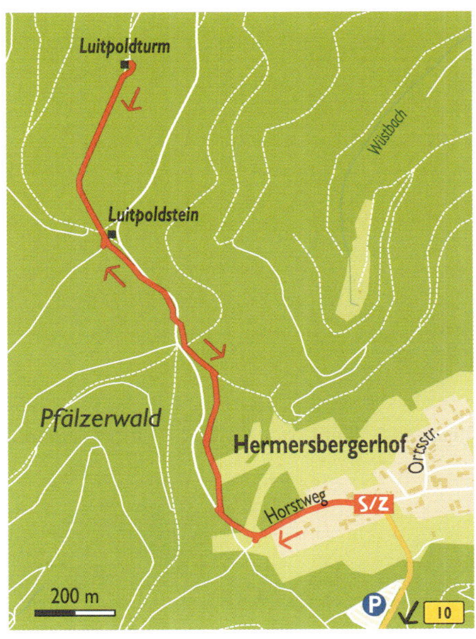

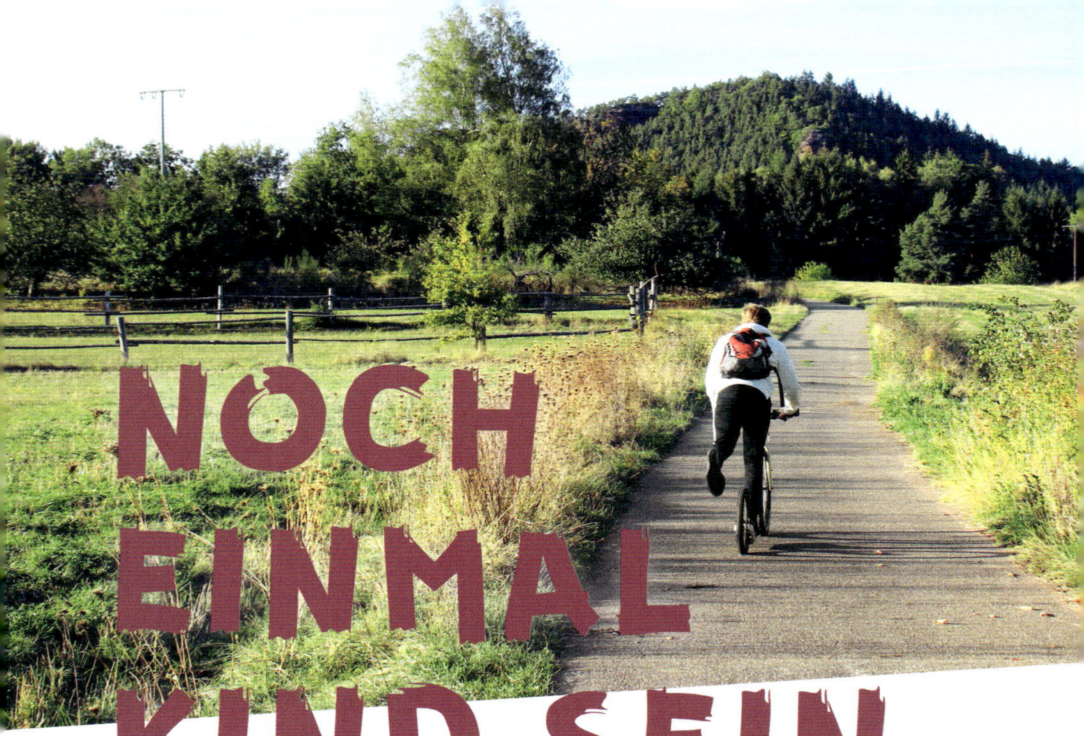

NOCH EINMAL KIND SEIN

… auf Tretrollertour bei Hauenstein

#14

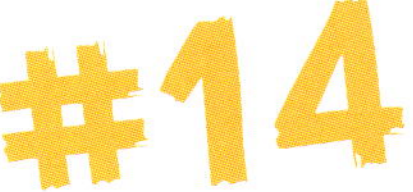

Das Schuhdorf Hauenstein ist Ausgangspunkt einer Eskapade der etwas anderen Art. Einmal nicht Wandern, Radeln, Schwimmen oder Klettern, sondern: Tretroller fahren. Genau, dieses zweirädrige Gefährt mit bodennahem Trittbrett, auf dem sich die Fahrer stehend fortbewegen.

#Radweg #Muskeltraining #Schuhmeile #Schuhmuseum

Zwischen Spirkelbach und Hauenstein rollert man durch ein offenes Wiesengelände mit einem tollen Blick auf den Rauhfelsen.

→ ABSTECHER …

Nur fünf Gehminuten vom Bahnhof Hauenstein-Mitte, einer als Wanderbahnhof zertifizierten kleinen Haltestelle, befindet sich die Tretroller-Ausleihstation. Dort wird man von einem leibhaftigen Tretrollerweltmeister fachkundig eingewiesen. Tretrollerfahren ist nämlich kein »Kinderkram«, sondern wird auch als anspruchsvoller Sport betrieben. 2013 hat eine Gruppe von Tretrollerfahrern sogar die Strecke der Tour de France bewältigt.

Und so geht's: Mit leicht vornübergebeugtem Oberkörper stößt man sich möglichst lang anhaltend ab, in der Ebene wechselt man nach sechs- bis zehnmal Abstoßen das Bein, bei Anstiegen noch häufiger. Da ist ein Muskelkater vorprogrammiert – man sollte sich also beim ersten Mal nicht zu viel vornehmen. Für Anfänger ideal ist ein Teilstück des Queichtal-Radwegs, der von Hauenstein bis zum Rhein führt.

Eine kurze Trinkpause in Wilgartswiesen, dann geht es – sofern man sich das konditionell zutraut – weiter nach Annweiler, wo man zwischen hübschen Fachwerkhäusern an der Queich entlangfährt.

An der jungen Queich entlang rollt man nach Wilgartswiesen, wo sich das Queichtal weit ausdehnt. Zahlreiche Felsen begleiten die Fahrt nach Rinnthal. Dort wartet eine Skurrilität: Die klassizistische Kirche wirkt mit ihrem wuchtigen Säulenportal in dem kleinen Dörfchen so überdimensioniert, dass sich hartnäckig die Vermutung hält, es seien Baupläne vertauscht worden. Wer mit dem Zug zurückkehren möchte, fährt weiter nach Annweiler, einem schmucken Kleinstädtchen unter der Reichsfeste Burg Trifels. Alle anderen fahren nach Wilgartswiesen zurück, wenden sich an der Dorfstraße nach links Richtung Landau und finden an der Brücke der B10 einen Fahrradweg nach Spirkelbach. An der Kirche vorbei und etwas bergiger geht es hinüber nach Hauenstein. Da wird man schon mal kurz absteigen müssen, wofür aber lange Abfahrten entschädigen. Bei aller Konzentration auf das Rollerfahren: Die Aussicht über Spirkelbach hinweg und auf die Felsmassive des Rauhbergs ist einen Stopp wert (mehr zu dieser Gegend in Eskapade #36)!

Tipp: In Hauenstein lohnt der Besuch des Deutschen Schuhmuseums – in diesem stehen unter anderem die Weltmeisterschuhe von Miro Klose – oder der Schuhmeile, wo man sich mit Modischem und Sportlichem eindecken kann.

FAZIT: LUSTIGE OUTDOOR-VARIANTE MIT MUSKELKATER-GARANTIE!

Für eine gute Weile verläuft der Queichtal-Radweg auf der stillen Seite des hier vom Verkehr auf der B 10 geprägten Tals. Ganz viel Ruhe dagegen hat das Damwild am Rand des Radwegs nach Spirkelbach.

Hin & weg: Bahnhof Hauenstein-Mitte, 5 Min. Fußweg bis zum Tretrollerverleih in der Prälat-Sommer-Straße.

Dauer & Strecke: Je nach Strecke 2–4 Std., reine Fahrzeit 12–21 km.

Beste Zeit: April–Oktober.

Ausrüstung: Tretroller, auszuleihen bei Südpfalz-Adventures (www.tretroller.de), Jogging- oder normale Sportschuhe.

KÖNIGLICHE AUSSICHT

… Villa Ludwigshöhe und Rietburg

#15

»Weil ich hier auf den schönsten Garten der Welt blicke«, soll König Ludwig I. von Bayern auf die Frage geantwortet haben, weshalb er beim Bau seiner Sommerresidenz über den Weinbergen von Rhodt auf einen Schlosspark verzichtet habe. Seine Villa Ludwigshöhe ist Ausgangspunkt einer Sessellift-Eskapade zur Rietburg.

#königlicheAussicht #nostalgischerSessellift #Rietburg #VillaLudwigshöhe

Nach italienischem Vorbild ließ sich der Bayernkönig 1846 bis 1852 einen vierflügeligen Bau mit freiem Blick über die Rheinebene errichten. Als er das Schloss 1852 mit seiner Gemahlin Therese erstmals nutzte, war er allerdings bereits kein König mehr – eine Affäre mit der Tänzerin Lola Montez hatte ihn zur Abdankung gezwungen.

Wie der bayerische Monarch hierherkam? Nach dem Wiener Kongress von 1815 war die Pfalz an Bayern angegliedert worden. Erst die Siegermächte des Zweiten Weltkriegs kappten diese nicht immer geliebte Verbindung. Zahlreiche Bauwerke der Pfalz sind Zeugen der bayerischen Zeit, der restaurierte Dom zu Speyer, die Festung Germersheim oder der Luitpoldturm. Aber auch umgekehrt gibt es Spuren: So wurde der pfälzische Löwe ins bayerische Wappen übernommen, der Wein stieg zum zweiten bayerischen Nationalgetränk auf, das in der Pfalz fortgeschrittenere republikanisch-freiheitliche Denken fand Eingang in die bayerische Politik.

Wenige Schritte oberhalb der Villa Ludwigshöhe liegt die Talstation der Rietburgbahn (www.rietburgbahn-edenkoben.de). Die bietet Nostalgie pur: Auf hölzernen Fünfzigerjahre-

Wer zu Fuß zur Rietburg aufsteigt, passiert einen für König Ludwig I. erbauten Aussichtspavillon.

Doppelsitzen fährt man gemächlich hinauf zur 550 Meter hoch gelegenen Rietburg, einer ehemaligen Raubritterburg. Sportlich Ambitionierte nehmen statt der Sesselbahn den steilen Serpentinenpfad zur Burg; sie kommen dabei an einem Aussichtspavillon vorbei, den sich der Bayernkönig errichten ließ. Baulich

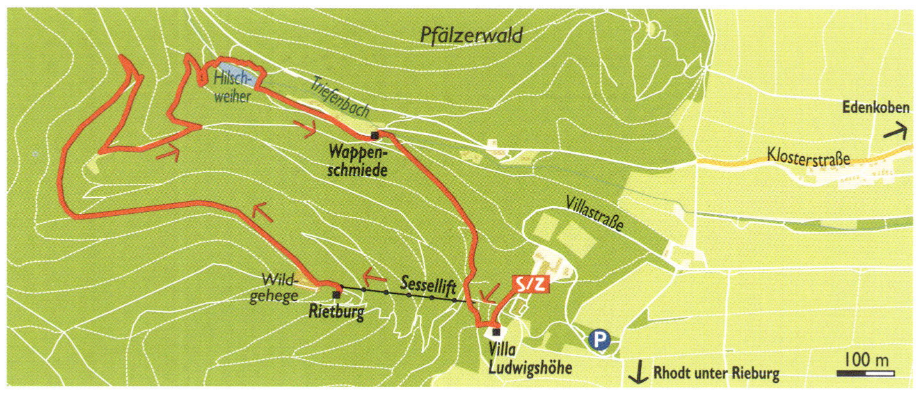

Seit 1954 bringt eine Sesselbahn Besucher auf die Rietburg und beschert ihnen bei der Talfahrt diesen Tiefblick. Wer zu Fuß absteigt, kann am Hilschweiher neben kleinen Wasserläufen bestens rasten.

ist die Burg wenig ergiebig – hierher kommt man der Burgschänke und der phänomenalen Aussicht wegen. Außerdem ist an der Rietburg der Startpunkt für einen gut einstündigen Höhenspaziergang zum Ludwigsturm.

Wer sich mehr bewegen möchte, steigt mit den Markierungen roter und weißer Punkt in das Edenkobener Tal ab – am Hilschweiher gibt es eine Gaststätte und einen Bootsverleih. Etwas talabwärts lockt die Wappenschmiede, in der einst Metallwerkzeuge gefertigt wurden, abermals mit Speis und Trank. Der rote Balken führt anschließend hinauf zur Ludwigshöhe.

Tipp: Für die Besichtigung der Villa Ludwigshöhe und eine Einkehr im Schlosscafé sind anderthalb Stunden nicht zu viel. Das Schloss wird heute für Konzerte genutzt und beherbergt eine Dauerausstellung mit Werken des impressionistischen Malers und Grafikers Max Slevogt, der in der Pfalz lebte und arbeitete (www.schloss-villa-ludwigshoehe.de).

FAZIT: GESCHICHTE, KULTUR, NOSTALGIE, GUTES ESSEN UND WADENTRAINING – MEHR ABWECHSLUNG GEHT NICHT!

Hin & weg: Bahnhof Edenkoben, Buslinie 500 über Rhodt unter Rietburg zur Villa Ludwigshöhe. Oder direkt an der Villa parken.

Dauer & Strecke: 1,5 Std. reine Gehzeit, Gesamtdauer eher 3–4 Std., 6 km.

Beste Zeit: März–Oktober (die Rietburgbahn macht Winterpause).

Ausrüstung: Leichte Wanderausrüstung.

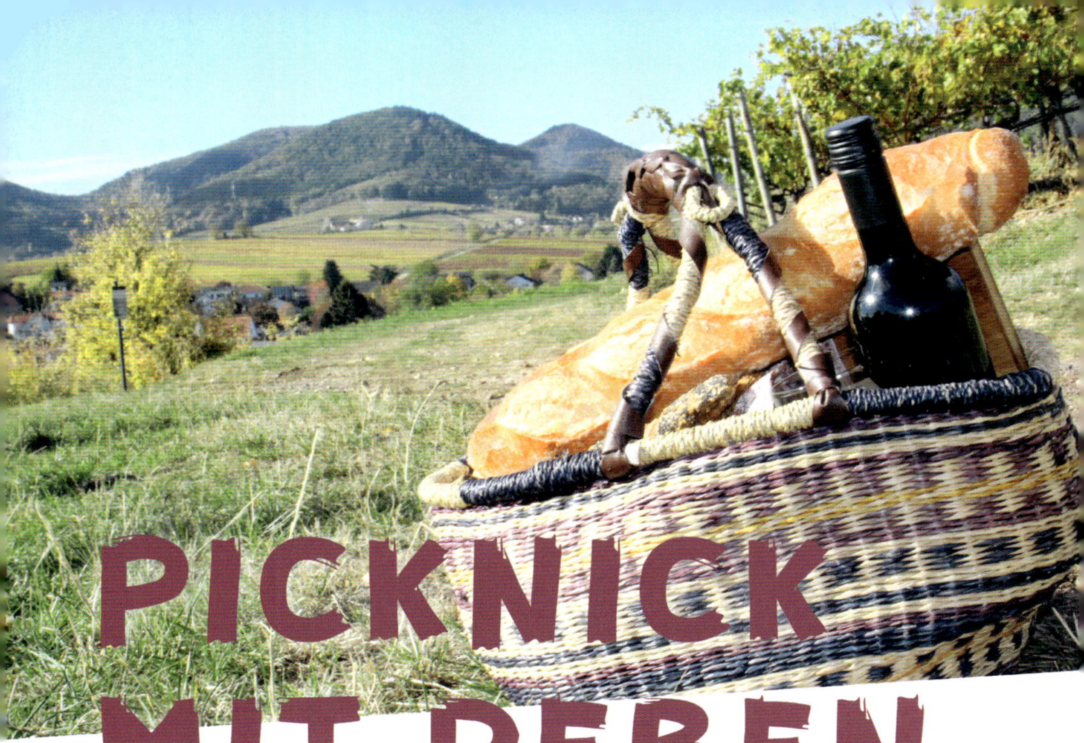

PICKNICK MIT REBEN

… auf der Kleinen Kalmit

#16

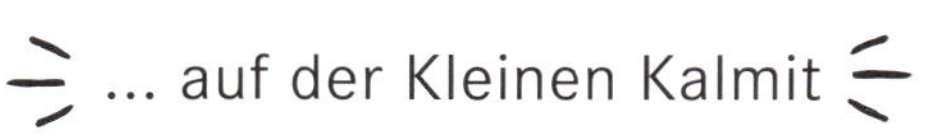

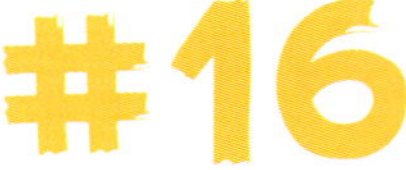

»Verlieb Dich in Ilbesheim!« – mit diesem Slogan begrüßt das Winzerdorf seine Gäste. Das sollte leichtfallen: Das Örtchen ist nicht nur selbst eine Perle, sondern bietet auch mit der Kleinen Kalmit, einem aus dem Rebland herausragenden Hügel, einen wunderschönen Picknickplatz.

#Ilbesheim #calvusmons #Kalmitwingert #Picknick #Fernblick

Rund um die Mater-Dolorosa-Kapelle auf der Kleinen Kalmit gibt es eine Reihe exquisiter Picknickplätze.

Die einzigartige Lage der Kleinen Kalmit zieht schon seit alters her die Menschen an. Mittelsteinzeitliche Funde bezeugen eine frühe Besiedelung, Kelten ließen sich hier nieder, die Römer nutzen die sonnige Lage für den Weinanbau. In vorchristlicher Zeit galt der Hügel als Sitz der Wetterdämonen, da sich hier wegen der exponierten Lage häufig Gewitter entwickeln. Mit der weiter nördlich gelegenen Großen Kalmit, dem höchsten Gipfel des Pfälzerwaldes, hat die Kleine Kalmit übrigens nur den Wortursprung »calvus mons« – kahler Berg – gemein.

Am Rathaus von Ilbesheim beginnt der Kleine Kalmitweg, ein drei Kilometer langer Rundgang. Auf Kalksteinboden, der die unter Weinfreunden auch als Pinot Blanc bekann-

Vom Rathaus des hübschen Weindörfchens Ilbesheim führt ein drei Kilometer langer Rundweg über die rundum von Weinbergen umgebene Kleine Kalmit.

te Weißburgunderrebe prächtig gedeihen lässt, geht es steil hinauf auf die wegen ihrer besonderen Botanik und Geologie naturgeschützte Anhöhe.

Ganz oben steht die Mater-Dolorosa-Kapelle, drumherum gibt es mehrere hölzerne Sitzgruppen – ideal für ein ausgiebiges Picknick mit dem Rebenmeer zu Füßen und der Postkartensilhouette der steil in die Rheinebene abfallenden Pfälzerwaldgipfel (Eskapade #45). August Becker, Begründer der pfälzischen Volkskunde im 19. Jahrhundert, hat es auf den Punkt gebracht: »... überhaupt scheint die Kalmit nur da zu sein, um als das herrlichste Belvedere, in rechter Entfernung vor das Gebirg hingepflanzt, uns die schönste Ansicht der Wasgauberge und der Haardt zu geben.« Auf dem Rückweg wird der Kalmitwingert passiert, ein Weinbau-Freilichtmuseum, das die Entwicklung des Weinanbaus seit der Antike zeigt und jene Zeit lebendig werden lässt, als man nur mit Spaten, Hacke und Winzermesser den Weinberg bestellte.

Und nach der Kleinen Kalmit? In den Ilbesheimer Weingütern kann man sich einer Weinprobe hingeben und mit allem eindecken, was die Traube hergibt. Zwischendurch bleibt noch Zeit für einen Besuch der Museumsscheune, die kurzweilig einen Einblick in die Lebens- und Arbeitswelt früherer Zeiten vermittelt.

Am Rande: Einer der Wege an der Kleinen Kalmit heißt »Affenschaukel«. Die Ilbesheimer erzählen dem Gast gern, dass »Affen« ihr in

So lässt es sich leben! Ein sinnenfrohes Picknick vor der Silhouette der Pfälzerwaldgipfel ist zu jeder Tageszeit ein außergewöhnliches Erlebnis.

der Region üblicher Spitzname ist, erwähnen aber auch die für die Arzheimer und Eschbacher Nachbarn gebräuchlichen Bezeichnungen »Stallhasen« und »Esel«. Eine Frage der Ehre, diese »Utznamen«, wie es auf Pfälzisch heißt, mit Stolz zu tragen!

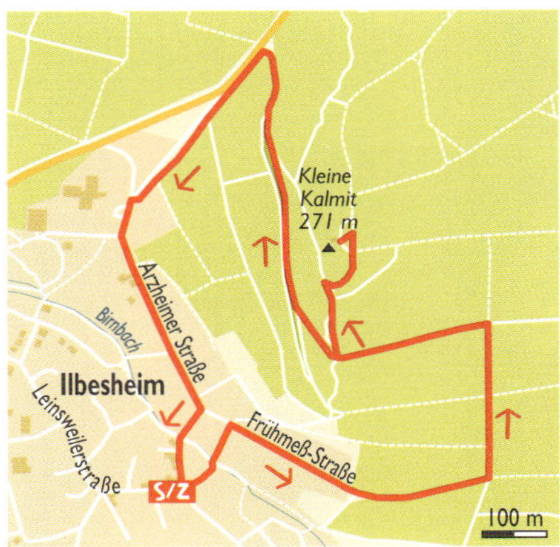

Hin & weg: Bahnhof Landau, Buslinie 530 ins 5 km entfernte Ilbesheim, Haltestelle Rathaus.

Dauer & Strecke: 45 Min. Gehzeit, 3 km.

Beste Zeit: Mai–November, besonders im Herbst, wenn die Weinberge in bunten Farben leuchten.

Ausrüstung: Leichte Wanderschuhe, ein liebevoll gefüllter Picknickkorb, Kamera.

FAZIT: EIN SCHÖNERER PICKNICKPLATZ FINDET SICH AN DER DEUTSCHEN WEINSTRAßE KAUM – ZU JEDER TAGESZEIT!

Pfälzer
PFÄLZER
HÜTTENTOUR

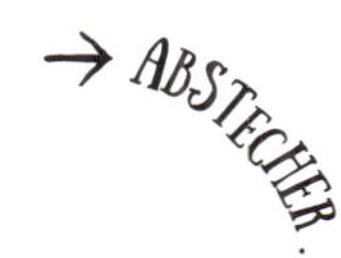

DEN RÖMERN SEI DANK

... Kastanien sammeln über Gleisweiler und Burrweiler

#17

Mit dem Wein brachten die Römer die Edelkastanie in die Pfalz. Wenn im Frühherbst das Klacken der herabfallenden Früchte in den Kastanienwäldern zu hören ist, regt sich bei Einheimischen und Gästen gleichermaßen der Sammeltrieb. Ein ergiebiges Terrain für Kastanienfreunde liegt in der Umgebung des Winzerdörfchens Gleisweiler.

#Esskastanien #Keschde #Weinstraße #Weindörfer #AnnaKapelle

Am Fuße der Kastanienwälder, wo sich die Weindörfer an die sanften Rebenhänge schmiegen (Eskapade #48), lässt das mediterrane Klima nicht nur Weintrauben gedeihen, sondern auch Zitronen, Quitten und Feigen. Was liegt da näher, als die herbstliche Kastanienlese mit dem Besuch dreier hübscher Winzerdörfer zu verknüpfen?

Vom vorgeschlagenen Weg wird man natürlich immer wieder abweichen, um die dunkelbraun glänzenden »Keschde« einzusammeln, die einzeln oder noch in ihrer stacheligen Hülle auf dem Boden liegen. Mit den Schuhen lässt sich die meist schon aufgeplatzte Hülle so weit öffnen, dass man die Kastanien leicht herausnehmen kann. Also an festes Schuhwerk denken!

Immer dem roten Balken nach geht es vom Waldrand über der Ortschaft Frankweiler zunächst rechts hinab ins Hainbachtal, das mit seiner skurrilen Walddusche einen Abstecher wert ist, und dann durch eine wunderschöne Allee nach Gleisweiler. Hier bestaunt man die beiden riesigen Mammutbäume im Garten der Kurklinik, hebt sich den Ortsbummel aber für später auf und macht sich zunächst auf den Weg zur Sankt-Anna-Kapelle. Die im neugotischen Stil erbaute Wallfahrtskirche liegt auf einem Vorsprung des Teufelsbergs 170 Meter über Burrweiler; der Fernblick reicht über die Rheinebene bis zum Odenwald und zum Nordschwarzwald.

Hin & weg: Bahnhof Albersweiler, Buslinie 521 nach Frankweiler-Rathaus und 5 Min. zur Bergbornstraße.

Dauer & Strecke: 1–2 Std. reine Gehzeit, 4–7 km.

Beste Zeit: Mitte September–Ende Oktober.

Ausrüstung: Wanderschuhe, Beutel oder Körbchen für die Kastanien.

Ein Imbiss im Freien, Kastanien sammeln, der Blick hinauf zur Sankt-Anna-Kapelle, das Rheinebene-Panorama von der Allee bei Gleisweiler – da vergeht die Zeit wie im Flug!

In der benachbarten Hütte des Pfälzerwald-Vereins (www.pwv-burrweiler.de) gibt es die ortsübliche Saumagen-Bratwurst-Leberknödel-Küche. Nun geht man auf dem gleichen Weg zurück zum Ausgangspunkt oder hängt noch einen Weindörferbummel an. Dazu nimmt man an der Kapelle einen steilen Kreuzweg hinunter nach Burrweiler, inspiziert das Dorf, sucht sich einen Wirt aus, spaziert durch die Weinberge nach Gleisweiler, inspiziert wiederum das Dorf, sucht sich wiederum einen Wirt aus und läuft dann zurück nach Frankweiler, um wiederum …

Zu Hause angekommen, schneidet man die Kastanien auf der runden Seite kreuzweise ein, gibt sie sechs bis acht Minuten in kochendes Wasser und röstet sie dann im Ofen bei 160 Grad so lange, bis die Schale knackighart ist, wobei man ab und zu kleine Wasserspritzer zugibt. Zusammen mit einem neuen Wein und geduldigem Schälen in geselliger Runde ein sehr ursprüngliches Vergnügen!

Tipp: Esskastanien findet man nicht nur entlang der gesamten Weinstraße, sondern auch weiter westlich im Pfälzerwald, etwa in der Umgebung von Altleiningen, Annweiler oder Hauenstein.

FAZIT: EIN AUSFLUG ZU KASTANIENWÄLDERN UND HEIMELIGEN WEINDÖRFERN GEHÖRT ZU EINEM PFALZ-BESUCH EINFACH DAZU.

TOUR DE HAARDT

... auf der Kalmithöhenstraße

#18

Mit dem Rennrad über Pässe – die Königsdisziplin der Straßenradfahrer. Einen Col du Tourmalet hat die Pfalz natürlich nicht zu bieten. Dafür aber zwei Passhöhen im Einzugsbereich der Deutschen Weinstraße, die zusammen stolze 1000 Höhenmeter ergeben.

#Passradeln #Heldenstein #GroßeKalmit #auchfürEBike

→ ABSTECHER ...

Meist im Schatten verläuft der steile Kalmit-Anstieg. Danach lohnt sich ein Stopp am Wanderparkplatz Hahnenschnitt.

Die Tour führt aus dem Rebland in die Haardt, jene steil ins Rheintal abfallende Bergkette, die den Pfälzerwald nach Osten abschließt. Drei schmale Höhensträßchen erschließen die Gipfelregion: die Heldenstein-, die Kalmithöhen- und die Totenkopfstraße. Bei den Anstiegen fährt man überwiegend im Schatten von Kastanienbäumen, Eichen und Kiefern – ein Ausflug also auch für Sommertage! Die Eskapade ist auch für ambitionierte Radfahrer ein ernst zu nehmendes Unterfangen, bei dem ganz nebenbei einige der schönsten Winzerdörfer an

Historischen Spuren folgen die Radler auf der Totenkopfstraße. Nach 1000 Höhenmetern schmeckt der »Handkees mit Musik« auf der Terrasse des Kalmithauses besonders gut.

der Deutschen Weinstraße passiert werden. Weniger Trainierte steigen aufs E-Bike um.

Los geht es in Rhodt unter Rietburg, wo sich in der oft überlaufenen Theresienstraße ein malerischer Winzerhof an den anderen reiht. Über das reizvolle Weindorf Weyher kommt man ins Modenbachtal. Dort beginnt die Heldensteinstraße, die den zweithöchsten Pfälzerwaldgipfel umrundet, den wenig bekannten Kesselberg. Am Forsthaus Heldenstein vorbei, einer netten Waldgaststätte (www.forsthaus-heldenstein.de), geht es moderat ansteigend zum 574 Meter hohen Pass auf der Lolosruhe. Recht schnittig ist dann die kurvenreiche Abfahrt ins Edenkobener Tal. Am Ortsanfang von Edenkoben kann man links auf den Radwanderweg Deutsche Weinstraße wechseln und durch die Weinberge über St. Martin nach Maikammer-Alsterweiler queren.

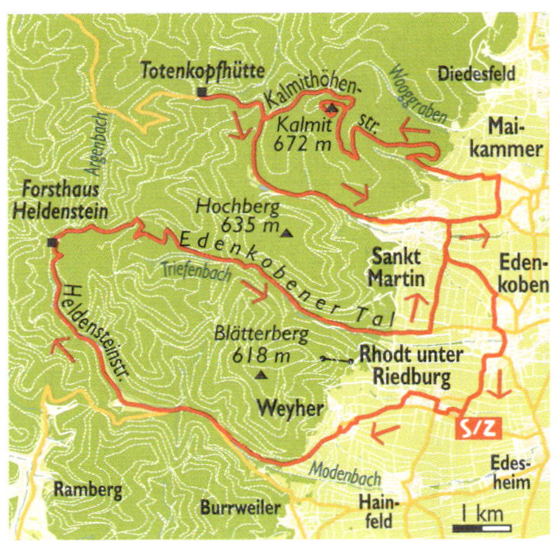

Richtig steil wird es auf der Kalmithöhenstraße hinauf zur Großen Kalmit, der mit 673 Metern höchsten Erhebung im Pfälzerwald (Eskapade #33)! Die Römer bezeichneten sie

Auch wenn man von der hochgelegenen Kiefernzone zur Weinstraße hinunter gerade so schön in Fahrt ist: Den St. Martiner Weiher wird man nicht achtlos links – oder in diesem Fall rechts – liegen lassen.

als »calvus mons« – kahlen Berg. Das mag zu Zeiten des Holzraubbaus noch zugetroffen haben, heute ist die Kalmit jedoch alles andere als kahl, nämlich vollständig bewaldet.

Oben gibt es neben dem bei hohen Gipfeln wohl unvermeidlichen Sendeturm eine mittwochs und an Wochenenden bewirtschaftete Hütte, davor einen weiten Blick über die Rheinebene und die geschafften Anstiegsmeter. Nebenbei: Die Kalmit ist das anspruchsvollste Ziel des aus sieben Rennen bestehenden Pfälzer Berglauf-Pokals – und Austragungsort des Kalmit-Klapprad-Cups (www.kalmit-klapprad-cup.de)!

Bei der Abfahrt stößt man auf die von St. Martin ins Elmsteiner Tal hinüberführende Totenkopfstraße und kann noch einen Abstecher zur gleichnamigen Hütte machen, um dann am St. Martiner Weiher, auch unter Sandwiesenweiher bekannt, vorbei über St. Martin und Edenkoben nach Rhodt unter Rietburg zurückzukehren.

FAZIT: AMBITIONIERTE NEHMEN DAS RENNRAD, GEMÜTLICHER WIRD'S MIT DEM E-BIKE. PASSIERT WERDEN EINIGE DER SCHÖNSTEN WINZERDÖRFER.

Hin & weg: Bahnhof Edesheim und über die L 506 2 km nach Rhodt unter Rietburg. Oder das Auto nehmen und in Rhodt unter Rietburg parken.

Dauer & Strecke: 2–3 Std. Fahrzeit, 49 km, 970 hm.

Beste Zeit: Ganzjährig für Unermüdliche, ansonsten März–November.

Ausrüstung: Rennrad oder E-Bike, Proviant, viel Flüssigkeit, Regenschutz.

HIER RÖHRT DER HIRSCH

… im Wild- und Wanderpark Südliche Weinstraße

#19

Abertausende größere Wildtiere leben im Pfälzerwald. Allein, man sieht sie kaum! In den dünn besiedelten Waldregionen finden sie genügend Rückzugsorte, um den Menschen aus dem Weg zu gehen. Da trifft es sich gut, dass man im Wild- und Wanderpark Südliche Weinstraße die Tiere aus nächster Nähe beobachten kann.

Den brunftigen Rothirschen kommt man im Herbst besser nicht zu nah, beim Damwild kann man das für ein Foto schon eher riskieren.

Der sehr großzügig und naturnah angelegte Park existiert seit 1975, als ein 100 Hektar großes Gelände durch den Rückgang der Landwirtschaft zur Brache zu werden drohte. Heute gibt es hier 400 Tiere aus 15 europäischen Arten. In großen Gehegen leben Wildschweine, außerdem die früher im Pfälzerwald heimischen Wisente – und Wölfe, deren Rückkehr auch in der Pfalz erwartet wird.

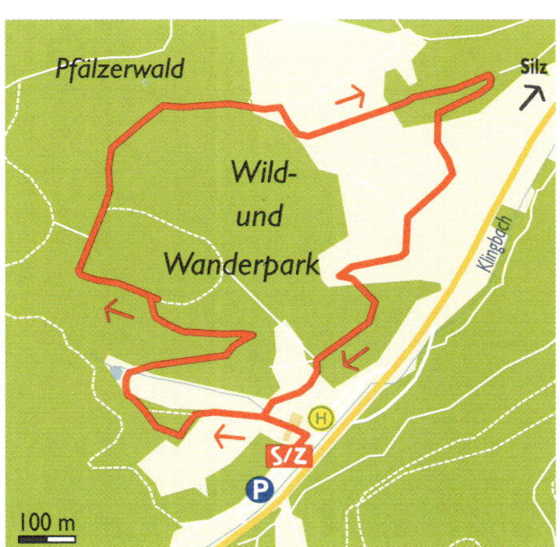

Dam- und Rotwild äst auf Streuobstwiesen oder streift durch den Kastanienwald. Im September beginnt das große Spektakel, wenn das brunftige Röhren und Schreien der Hirsche den Wild- und Wanderpark erfüllt. Die Besucher können auf ausgewiesenen, aber nicht besonders geschützten Wegen zwischen den Rudeln hindurchspazieren; zur Brunftzeit allerdings ist ein gewisser Abstand zu den Tieren sehr zu empfehlen.

Für die ganze Runde durch den Wild- und Wanderpark braucht man etwa zwei Stun-

den, mehr natürlich im Herbst, wenn man es nicht beim Beobachten der Tiere belässt, sondern nebenbei auch noch die Kastanien am Wegesrand einsammelt. Kinder werden den Streichelzoo und einen Abenteuerspielplatz nicht auslassen, während es sich die Erwachsenen im Parkrestaurant nebenan bei einem Pfälzer Gericht und einem Schoppen gut gehen lassen.

Tipp: Wer den Abstecher abrunden möchte, kann noch im fünf Autominuten entfernten Cramerhaus einkehren (www.cramerhaus.de), einer beliebten Waldgaststätte unterhalb der Burgruine Lindelbrunn (Eskapaden #25 und #39). Oder er wandert von dort zum Schweinsfelsen, um über eine waghalsige Leiter auf die schmale Aussichtsplattform zu steigen und den Blick ins Trifelsland zu genießen. Gemächlicher wäre eine Runde um den nur einige Steinwürfe vom Wild- und Wanderpark entfernten Silzer See.

FAZIT: IM HERBST EIN SPEKTAKEL, SONST EINFACH NUR SCHÖN UND INTERESSANT. TIERE STEHEN HIER IM MITTELPUNKT.

Hin & weg: Bahnhof Bad Bergzabern, mit den Buslinien 540 und 531 über Klingenmünster und Silz zum Wild- und Wanderpark Südliche Weinstraße.

Dauer & Strecke: 2–3 Std., 3 km.

Beste Zeit: Ganzjährig, besonders lohnend zur Zeit der Hirschbrunft Mitte September–Ende Oktober.

Ausrüstung: Leichte Wander- oder Sportschuhe, im Herbst Beutel zum Kastaniensammeln.

EIN KAISER-LICHER BERG

Wenn es im Pfälzerwald einen heiligen Berg gäbe, es müsste der Rehberg sein. Seine schlanke, klassische Form, die exponierte Lage gegenüber der Kaiserburg Trifels und das unvergleichliche Panorama auf dem Rehbergturm heben ihn aus der Konkurrenz heraus.

#weitinsLand #Aussichtsturm #Klettern #Klettererhütte #Trifels

Einfach traumhaft: der Blick vom Rehberg hinüber zur Reichsfeste Burg Trifels.

Mit 577 Metern ist der Rehberg der höchste Gipfel im südlichen Pfälzerwald. Ein 1862 aus dem heimischen Buntsandstein erbauter Aussichtsturm ermöglicht freie Sicht nach allen Seiten. Besonders spektakulär ist die Rundschau, wenn in der kühlen Jahreshälfte die Niederungen im Nebel liegen, hier oben aber die Sonne scheint und die umliegenden Gipfel und Burgen aus dem Nebelmeer herausragen.

Den Rehberg »by fair means«, also ohne Aufstiegshilfe, von Annweiler-Bindersbach oder von Waldrohrbach aus zu besteigen, ist eine schweißtreibende Angelegenheit. Es geht auch einfacher: Im Auto schraubt man sich von Annweiler auf der Trifelsstraße den Berg hinauf, genießt unterwegs die Aussicht auf das Annweilerer Burgentrio Trifels-Anebos-Münz (Eskapade #40) sowie den gigantischen Asselstein und stellt das Auto in der Nähe der Asselstein-Klettererhütte ab. Auf dem Richard-Löwenherz-Weg ist es dann eine gute halbe Stunde zum Turm hinauf, übrigens einem der ältesten der über 20 Aussichtstürme im Pfälzerwald. An klaren Tagen liegt einem der Pfälzerwald zu Füßen, aus der Ferne grüßen das Elsass, der Odenwald und der Schwarzwald.

Wieder unten sollte man – so die Öffnungszeiten passen – unbedingt in der traditionsreichen Klettererhütte am Asselstein (www.klettererhütte.de) vorbeischauen. So nah am pfälzischen Klettersport wie hier ist man sonst nur am Bärenbrunnerhof im Dahner Felsenland (Eskapade #27); allein die kletterhistorischen Fotos im gemütlichen Innenraum sind den Besuch wert!

Solcherart vom Klettervirus infiziert, kommt man kaum umhin, sich den Asselstein aus nächster Nähe anzuschauen. Das frei stehende Felsenschiff mit seinen fast 60 Meter hohen Wänden und Kaminen, Rissen und Überhängen ist zusammen mit dem Dahner Jungfernsprung die beeindruckendste Felsgestalt des Wasgaus. Schon 1860 gelang die erste Besteigung – allerdings wurde damals etwas gemogelt: Neben Leitern, Drahtseilen und Haken kam auch ein an den Fels angelehnter Baumstamm zum Einsatz.

Tipp: Nur einen Katzensprung ist es von hier zur Burg Trifels, auf der Kaiser Barbarossa

Beim Abstieg über die Südflanke des Rehbergs kann man ein spektakuläres Wasgau-Panorama genießen. Auch im Hochwinter ist der Rehbergturm jeden Tropfen Aufstiegsschweiß wert.

gern weilte und der englische König Richard Löwenherz Gefangener war. Wer den viertelstündigen Aufstieg zur Burg scheut, kann sich in Annweiler im kleinen Museum unterm Trifels (www.annweiler.de) über die Reichsfeste informieren.

Hin & weg: Rehberg-Parkplatz an der von Annweiler zum Trifels führenden Höhenstraße (gegenüber der Kletthererhütte).

Dauer & Strecke: Insgesamt 1,5 Std. Gehzeit, 5 km.

Beste Zeit: Ganzjährig, besonders lohnend an Herbst- oder Wintertagen, wenn das Tal in weißen Nebel gehüllt ist.

Ausrüstung: Leichte Wander- oder Sportschuhe.

FAZIT: EIN SPANNENDER AUSSICHTSPUNKT – DAZU ETWAS KLETTERHISTORIE UND EINE ZÜNFTIGE HÜTTE.

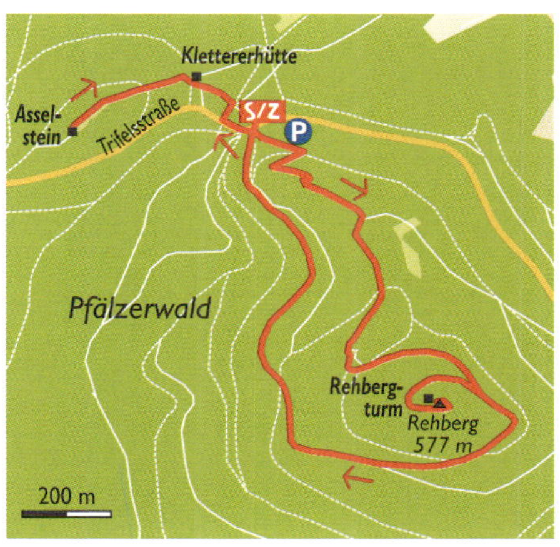

SCHNEE-WEIß DIE GIPFEL

… Winterwanderung bei Johanniskreuz

#21

Was gibt es Schöneres als einen Schneespaziergang in klarer Luft, bei dem nur die eigenen Atemgeräusche und das Knirschen des trockenen Schnees die Stille durchbrechen? Wenn das Wetter also einmal mitmacht: nichts wie los zum Eschkopfturm bei Johanniskreuz, einer entlegenen Siedlung auf der pfälzischen Wasserscheide Rhein-Mosel!

#durchdenSchnee #Aussicht #Frankenweide #HausderNachhaltigkeit

In Johanniskreuz, wo sich Wege aus allen Himmelsrichtungen treffen, schlug im Jahr 1843 die Geburtsstunde des »Pfälzerwaldes«. Genau an der Stelle kreierten pfälzische Forstleute die Bezeichnung in Abgrenzung zu den übrigen Nordvogesen. Bis dahin war die Gegend in der spärlichen Reiseliteratur als Teil der Vogesen oder des Wasgenwalds behandelt worden.

Ein passender Ort also auch für das Haus der Nachhaltigkeit, das Informationszentrum des Biosphärenreservats Pfälzerwald-Nordvogesen. Wie die Wüste Gobi oder der Yellowstone-Nationalpark genießt der Pfälzerwald als UNESCO-Reservat besonderen Schutz. Warum nicht die Eskapade mit einem Besuch im Haus der Nachhaltigkeit beginnen und sich erst mal über die ökologisch verträgliche Naturnutzung informieren?

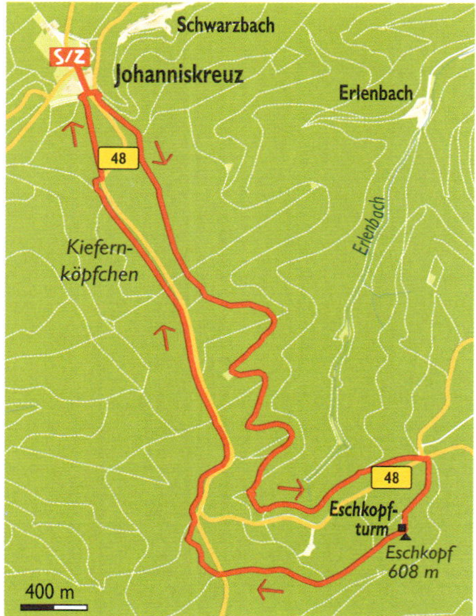

Den Eschkopfturm wird man anschließend auf Wegweisern vergeblich suchen, man bezeichnet ihn hier als Ludwigsturm. An einem Straßendreieck am südlichen Ortsschild von Johanniskreuz liegt – etwas unscheinbar – der Einstieg in die Höhenwanderung. Bis zum Turm hält man sich am besten an das Logo der Mountainbike-Tour 1, kommt so ohne größere Anstiege durch prachtvolle Mischwäl-

---

Hin & weg: Johanniskreuz, Parkplatz am Haus der Nachhaltigkeit.

Dauer & Strecke: 3 Std. reine Gehzeit, 10,5 km.

Beste Zeit: Als Schneetour Januar–Februar, ansonsten Frühjahr oder Herbst.

Ausrüstung: Schneetaugliche Wanderschuhe, Winterkleidung, Proviantrucksack, Thermoskanne mit Tee, Wanderkarte 1:25 000.

Bei einer Schneewanderung zum Eschkopfturm wird man meist keinem einzigen Menschen begegnen. Die wenigen Spuren stammen von Jägern, Holzarbeitern, Hirschen oder Wildschweinen.

der zu einer Schutzhütte am Straßendreieck Iggelbach-Annweiler-Johanniskreuz und dann in zehn Minuten zum 608 Meter hoch gelegenen Eschkopf.

Eine enge Wendeltreppe führt auf die Aussichtsplattform des 1902 für die Landvermessung errichteten Sandsteinturms, wo sich an klaren Wintertagen ein verblüffender Fernblick auftut: Von der Bauernlandschaft der Sickinger Höhe reicht er über das Nordpfälzer Bergland, den Donnersberg, den Hunsrück und die rheinhessische Windradlandschaft bis zu den Haardt- und Wasgaugipfeln.

In der näheren Umgebung überblickt man ein menschenleeres Waldgebiet, dessen historische Bezeichnung »Frankenweide« fast in Vergessenheit geraten ist. Ab dem 6. Jahrhundert, der Zeit der fränkischen Besiedelung der Pfalz, wurde das schwer zugängliche Gelände als Viehweide für Schweine und Ziegen genutzt; Siedlungen gab damals noch nicht. Erst viel später entstanden eine Handvoll kleiner Weiler, auf denen in bescheidenem Umfang Ackerbau und – bei Weitem ertragreicher – Holzwirtschaft betrieben wurde.

Für den Rückweg hält man sich an das rote Kreuz. Kenner des Pfälzerwaldes wissen, dass alle mit einem Kreuz markierten Wege über Johanniskreuz führen.

FAZIT: DER HÖHENSPAZIERGANG IN MENSCHENLEEREN WÄLDERN IST IM WINTER EINFACH ZAUBERHAFT!

2. KAPITEL AUSFLÜGE

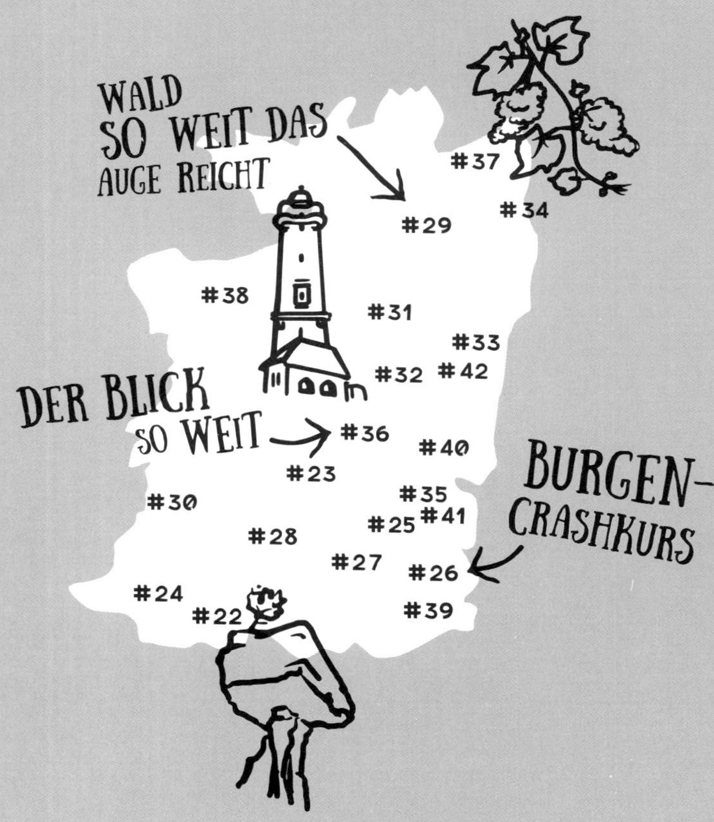

Raus für einen Tag

Sich Zeit nehmen für die schönsten Seiten der Pfalz. Als Genusswanderung, Radtour oder sportliche Herausforderung. Bei Sonnenschein und auch bei Wind und Wetter.

12H

ÜBER DIE GRENZE

Eine Stippvisite ins benachbarte Elsass gehört für viele Besucher der Pfalz einfach dazu. So wie bei dieser Rundwanderung, die mit drei Felsenburgen, einem geschichtsträchtigen Gipfel und gepflegten Wirtshäusern einen erlebnisreichen Tag garantiert.

#insElsass #Schlemmen #dreiBurgen #WalthariLied #Kelten

Wie viele Felsenburgen ist auch die Burgruine Wasigenstein über exponierte Außentreppen zugänglich (vorige Seite). Von der Burgruine Petit Arnsbourg schaut man hinunter nach Obersteinbach.

Aus dem pfälzischen Petersbächel führt die Markierung Rot-Gelb hinauf zum Col de Florenberg. Hier betritt man französischen Boden, folgt dem Logo des für den weiteren Wegverlauf wichtigen Deutsch-Französischen

Burgenwegs nach rechts und kommt so auf Felsenpfaden und einem Höhenweg zum Bayerischen Windstein, einem Aussichtsfelsen mit wunderbarem Nordvogesen-Panorama.

Eine halbe Stunde später ist Obersteinbach erreicht, ein typisch elsässisches Dörfchen mit hübschen Fachwerkhäusern und überregional gerühmter Gastronomie. Der Burgenweg zweigt gleich links ab, Genießer stromern allerdings erst einmal durchs Dorf und gönnen den Wirten ein paar Taler. Steil steigt man dann hinauf zur Burgruine Petit Arnsbourg, hinab ins Langenbachtal und wieder hinauf zum Höhepunkt der Tour, der Burgruine Wasigenstein. Luftige Treppen führen auf die oberste Plattform der bizarr himmelwärts ragenden Hauptburg. Über eine Wendeltreppe ist auch die einst als Wohnturm genutzte Nebenburg zugänglich.

Alte Fachwerkhäuser prägen das Ortsbild im elsässischen Obersteinbach. Streuobstwiesen sind auf einer Waldwanderung eine willkommene Abwechslung.

Der Wasigenstein ist Schauplatz des Walthari-Lieds, eines im 10. Jahrhundert entstandenen Heldenepos. Beim Finale unweit der Burg kreuzten demnach die Hauptfigur Walther von Aquitanien, der Frankenkönig Gunther und dessen Oheim Hagen die Klingen. Die Herren waren hart im Nehmen: Nachdem man sich einige Gliedmaßen abgehackt hatte – auch ein Auge musste daran glauben – traf man sich anschließend zum Versöhnungstrunk auf dem Wasigenstein.

Zeit für eine weniger dramatische Rast! Also mit dem roten Balken kurz zurück, dann hinauf zum Klingelfels und mit dem roten Kreuz hinunter zum Weiler Wengelsbach, wo man sich im Restaurant Au Wasigenstein (www.restaurantwasigenstein.com) mit elsässischer Küche verwöhnen lassen kann (Eskapade #52). Noch einen Mirabellenschnaps und den obligatorischen Espresso und es geht weiter Richtung Maimont, einen Grenzgipfel mit bewegter Geschichte.

Zunächst leitet das rote Kreuz über den Wengelsbacher Hals zum Blumenstein, der dritten Felsenburg der Tour. Ziemlich steil dann der Schlussanstieg auf den 513 Meter hohen Maimont. Der in den Kriegen hart umkämpfte Gipfel bietet zwar keinen Fernblick, dafür aber zwei historische Besonderheiten: Reste eines keltischen Ringwalls und die »Opferschale«, ein Sandsteinblock mit einer schüsselartigen Höhlung, über dessen Ursprung und Zweck die Historiker streiten.

Ein Traumpfad führt nun hinunter zur Wegspinne Col du Maimont, wo man sich ohne Wegweiser nach rechts wendet und auf einem gewundenen Weg den Col de Florenberg erreicht. Nun nichts wie runter nach Petersbächel zur Einkehr in der Walthari-Klause!

FAZIT: BEI DER WANDERUNG AM ELSÄSSISCH-PFÄLZISCHEN GRENZKAMM ENTLANG KANN MAN GESCHICHTE ERLEBEN. ETWAS KONDITION ERFORDERLICH!

Hin & weg: Bahnhof Hinterweidenthal, Buslinien 252 und 251 über Dahn nach Petersbächel, Start an der Walthari-Klause (Gebüger Straße).

Dauer & Strecke: 4–5 Std. Gehzeit, 17 km, 630 hm.

Beste Zeit: Ganzjährig.

Ausrüstung: Feste Wanderschuhe, Regenschutz, und viel Zeit zum Genießen der elsässischen Küche.

NERVEN-KITZEL

... in der Wanderregion Hauenstein

»Abenteuerwandern« ist das Motto dieser Tour im Süden des Schuhdorfs Hauenstein. Auf schönen Waldwegen und Wurzelpfaden geht es zu zwei frühmittelalterlichen Fliehburgen, zwei Felstürmen mit waghalsigen Leitern und zum beliebten Wanderheim Dicke Eiche.

#schwindelfrei #Hauenstein #Backelstein #Hühnerstein #Burghalder

Eine waghalsige Leiter führt auf den Hühnerstein. Stolze 60 Meter hoch ist die Südwand des Backelsteins, auf dem sich einst eine frühmittelalterliche Holzburg befand.

Am Wasgaufreibad beginnt ein Pfad links hinauf zum Backelstein, einem wuchtigen Kletterfelsen, der im frühen Mittelalter als Fliehburg für die Talbewohner diente. Eine Felsenkammer und ein in den Fels gehauener Aufgang erinnern noch an diese Zeit. Auf der Aussichtsplattform lassen deutlich erkennbare Pfostenlöcher erahnen, wie die damaligen hölzernen Aufbauten ausgesehen haben könnten.

Der Pfad trifft bald auf den Premiumweg Hauensteiner Schusterpfad, dessen Logo bis zum Wanderheim Dicke Eiche den Weg weist. Zuvor aber steht noch etwas Nervenkitzel an: der Hühnerstein, eine zwölf Meter hohe Sandsteinnadel, die mit einem grandiosen Rundum-Panorama aufwartet – sofern man ausreichend schwindelfrei für die luftig-steile Leiter ist. Eine gute Viertelstunde später ist das traditionsreiche Wanderheim Dicke Eiche

Geradewegs in den Himmel scheint die Leiter am Lanzenfahrter Felsen zu ragen. Vom Burghalderfelsen, der als Fliehburg genutzt wurde, blickt man über Hauenstein zu den typischen Kegelbergen des Wasgaus.

erreicht (www.pfaelzerwaldverein-hauenstein.de). Drinnen wird häufig gesungen, draußen hat man einen schönen Blick ins Stephanstal mit der Felsbastion des Stephansturms.

Nun geht es mit der Markierung des Burghalderwegs nordwärts. Man passiert den extrem überhängenden Wolfsfelsen und den

---

Hin & weg: Bahnhof Hauenstein-Mitte, 25 Min. Fußweg zum Startpunkt am Wasgaufreibad. Oder mit dem Auto direkt dort parken.

Dauer & Strecke: 3 Std. Gehzeit, 10,5 km.

Beste Zeit: Ganzjährig, jedoch nicht bei Eis und Schnee, da dann die Pfade und Felsbesteigungen zu gefährlich sind.

Ausrüstung: Wanderschuhe, wetterfeste Kleidung, im Sommer Badesachen.

Hasenteller, einen alten Passübergang, bevor man auf einem gemütlichen Höhenweg den Burghalder erreicht. Wie der Backelstein wurde diese Fliehburg im 9. Jahrhundert angelegt. Auch wenn nicht mehr übrig ist als einige karge Mauerreste – der Platz hat wie so viele seiner Art eine eigene Magie. Noch etwas weiter vor und man steht auf dem Burghalderfelsen, einem Aussichtspunkt mit Blick hinüber zum Backelstein, nach Hauenstein und zur Felsenlandschaft zwischen dem Schuhdorf und Annweiler.

Auf dem gleichen Weg geht man nun zurück, steigt auf dem Burghalderweg kurz links hinunter, um dann scharf nach rechts auf einen Bergpfad zu wechseln, der mit einigen Windungen zum Lanzenfahrter Felsen führt. Der ist etwas für Wanderer ohne Höhenangst: Die exponierte Leiter auf die schmale Aussichtsplattform stellt sogar die am Hühnerstein in den Schatten. Weiter auf dem Pfad gelangt man in einer Viertelsunde zum Ausgangspunkt.

Tipp: Wer die Tour im Sommer macht, bricht früh auf, genießt den Aufstieg in den kühlen Morgenstunden und verbringt nach der Tour noch einige Zeit mit Schwimmen und Faulenzen im ausnehmend schön gelegenen Hauensteiner Wasgaufreibad.

FAZIT: IN GÄNZE NUR FÜR SCHWINDELFREIE – ABER AUCH OHNE DIE LETZTEN PAAR METER AUF DIE BEIDEN GIPFEL EINE ABWECHSLUNGSREICHE TOUR MIT SICHT AUF MAGISCHE ORTE.

ZEITREISE

... durch die Area One zu den Rumberg-Türmen 

#24

Bizarre Felstürme und verträumte Seen, dazu der Kitzel eines einstmals streng bewachten US-Army-Geländes – das sind die Höhepunkte des Rumberg-Steigs. Der Rundweg verläuft unweit der französischen Grenze durch eine abwechslungsreiche Landschaft.

#verlasseneOrte #CampFischbach #Felstürme #SprungindenWeiher

Ein starker Kontrast: der Wachtturm des ehemaligen US-Sonderwaffenlagers und der nur einen Kilometer Luftlinie entfernte romantisch-verträumte Rösselsweiher.

Der mit einem rostroten Logo durchgehend markierte Premiumweg startet in dem Dörfchen Ludwigswinkel, durchstreift zunächst eine aussichtsreiche Talaue und passiert dann den alten Zollhof, einen denkmalgeschützten Komplex aus mehreren Häusern.

Nichts weist darauf hin, dass nach wenigen Minuten schon das 680 Hektar große Gelände des ehemaligen US-Camps Fischbach erreicht ist. Als Sonderwaffenlager war es von 1956 bis 1994 einer der bekanntesten pfälzischen Schauplätze des Kalten Kriegs. In den 1980er-Jahren fanden vor den Toren des Lagers eine Reihe von »Giftgas«-Demonstrationen gegen die hier aufbewahrten Kampfstoffe statt. Ob es sich tatsächlich um Giftgas handelte, ist bis heute nicht klar, als

Auch im Winter reizvoll: der Rösselsweiher und die Rumberg-Türme. Der Sägmühlweiher am Ortsrand von Ludwigswinkel wird vom Rösselsbach gespeist, der seinen Ursprung an der Rösselsquelle hat.

gesichert gilt indes die Lagerung von Atomsprengköpfen. Heute hat sich die Natur das Areal zurückerobert, aber es ist immer noch aufregend, es zu betreten.

Auf einem kurzen Rundgang kann man sich die Überbleibsel der Area One, des Hochsicherheitsbereichs, genauer ansehen: ein Wachgebäude mit Tower, einen Hubschrauberlandeplatz und 19 Bunkeranlagen (www.ig-area-one.de).

Durchaus sportlich ist nun der Anstieg zum landschaftlichen Höhepunkt der Tour, dem Rumberg und seinen wie an einer Perlenschnur aufgereihten Felstürmen. Unter den bis zu 20 Meter hohen Gestalten sticht der Wespenfels heraus mit seiner abenteuerlich schmalen Taille. Am Fuße der Felsen lässt es sich mit Blick hinüber zu den Gipfeln der elsässischen Nordvogesen bestens rasten. Beim Abstieg ragt plötzlich ein weiterer freistehender Turm, der Spitze Fels, in den Him-

mel, bevor es wieder hinaufgeht auf den Guckenbühl, den zweiten Gipfel der Tour.

Ein kompletter Wechsel der Szenerie dann im letzten Drittel der Wanderung: das Naturschutzgebiet Rösselsweiher-Rohrweiher, eine weitläufige Tallandschaft mit Mischwald und üppigen Moos- und Farngründen. Über den Rösselsweiher, einen der vielen stillen Wooge des Pfälzerwaldes, die munter sprudelnde Rösselsquelle und den verträumten Sägmühlweiher geht es gemütlich ins Dorf zurück.

Tipps für ein rundes Tagesprogramm: Nach der Wanderung nimmt man ein kühles Bad im Sägmühlweiher – ein schöner Badeplatz liegt am Westufer – und genießt dann im Gasthaus Zum Landgrafen (www.zumlandgrafen.de) die Pfälzer Küche. In der Umgebung gibt es eine Menge zu entdecken; Unterkunft findet man zum Beispiel im Hotel-Restaurant Rösselsquelle (www.roesselsquelle.de).

Hin & weg: Bahnhof Hinterweidenthal, Buslinien 252 und 251 über Dahn nach Ludwigswinkel, Haltestelle Post. Start ist das Daniel-Theyson-Haus in der Ludwigswinkler Straße.

Dauer & Strecke: 3–4 Std. reine Gehzeit, 11 km.

Beste Zeit: Frühjahr–Spätsommer.

Ausrüstung: Wanderschuhe, Leichtrucksack mit Proviant, im Sommer Badesachen.

FAZIT: EINFACHE RUNDWANDERUNG MIT BIZARREN FELSGESTALTEN, REICHLICH GEWÄSSER UND EINEM SCHUSS HISTORIE.

VON KAMM ZU KAMM

#25

Mit ihren knorrigen Zwergeichen, wettergebeugten Kiefern, bemoosten Felstrümmern und urwüchsigen Heidekrautfeldern sind die Kammpfade auf den Gipfeln zwischen Hauenstein und Annweiler ein unvergleichliches Wandererlebnis.

#Nervenkitzel #BurgruineLindelbrunn #Wasgau

Über die Gipfel des südlichen Pfälzerwaldes bis in den Nordschwarzwald reicht der Fernblick vom Rötzenfels.

Die Tour nutzt Teilstrecken der beiden Premiumwege Dimbacher Buntsandstein Höhenweg und Rimbachsteig. Eine solide Kondition erhöht den Spaß erheblich, geht es doch dreimal ziemlich steil bergauf. Dazwischen lässt man sich viel Zeit für den Augen- und Gaumenschmaus und das Erkunden der Felsen. Darin herumkraxeln sollte allerdings nur, wer sich wirklich sicher fühlt – es geht steil runter! Beste Wanderzeit ist in der zweiten Jahreshälfte, da der Rötzenfels meist von Februar bis in den Juni hinein zum Schutz brütender Wanderfalken teilgesperrt ist (Sperrliste unter www.pfaelzer-kletterer.de).

Gleich zu Beginn schlängelt sich der Weg steil durch Kastanienwald zum Falkenstein, wo ein fast alpin anmutender Höhenpfad über den lang gestreckten Dimberg seinen Anfang nimmt. Der Dimbergpfeiler mit seiner von Kletterern gerühmten 40-Meter-Kante schließt den ersten Kammpfad ab.

Dann steht der schweißtreibende Aufstieg auf den Rötzenberg an. Kurz hinter dem Gipfel liegt der Rötzenfels, ein außergewöhnlicher Aussichtsplatz: weit und breit kein Haus, dafür aufregende Tiefblicke und dahinter die geschwungenen Bergketten des südlichen Wasgaus. Nur wirklich Schwindelfreie sollten sich bis zur Spitze vorwagen, auf der ein Kreuz steht – eine wahre Rarität im Pfälzerwald.

Nach einem steilen Abstieg und einer etwas geruhsameren Passage verlässt man an einer Schutzhütte den Premiumweg – jetzt hat man sich mindestens ein warmes Essen in der Waldgaststätte Cramerhaus mit ihrem großen Biergarten verdient (www.cramerhaus.de). Di-

Wetterumschwung auf der Burgruine Lindelbrunn: Vom Westen zieht ein Gewitter herauf, auf dem Rötzenfels hatte noch die Sonne geschienen. Gut, dass es das gastliche Cramerhaus gibt!

rekt daneben liegt die Burgruine Lindelbrunn, eine auf einem stattlichen Felsen erbaute ehemalige Reichsburg. Vor oder nach der Einkehr hinauf? Auslassen gilt nicht! Es wäre zu schade um das 360-Grad-Wasgau-Panorama.

Auf dem Herweg geht es nun zurück und kurz nach links Richtung Darstein. Der Weg trifft auf den Rimbachsteig mit seinem weiß-blauen Logo, der in einem dritten scharfen Aufschwung auf den Immersberg hinaufführt. An bizarren Felsknubbeln und Tischfelsen vorbei schlängelt sich der Kammpfad zum Rastplatz Häuselstein. Einen letzten Nervenkitzel gibt es auf dem ungesicherten Höckerstein. Unterhalb des mächtigen Felsenschiffs wendet man sich mit der Markierung grünes Dreieck nach rechts und hat bald den Ausgangspunkt Dimbach erreicht.

Hin & weg: Bahnof Hauenstein, 3 Min. Fußweg zur Haltestelle an der Schuhmeile, Buslinie 256 nach Dimbach, Start vom Wanderparkplatz 100 m nördlich des Ortseingangs. Oder mit dem Auto dort parken.

Dauer & Strecke: 4–5 Stunden Gehzeit, 15 km, 530 hm.

Beste Zeit: Juni–Dezember/Januar, nicht bei Schnee und gefrorenem Boden.

Ausrüstung: Wanderschuhe, wetterfeste Kleidung, gut gefüllter Proviantrucksack.

FAZIT: TROTZ ÜBERSCHAUBARER WEGLÄNGE EIN AUSFLUG FÜR EINEN TAG – SO VIEL GIBT ES ZU SEHEN!

BURGEN-CRASH-KURS

... am Treutelsberg bei Klingenmünster

Wenn ein Berg in der Pfalz das Attribut »praktisch« verdient, dann der Treutelsberg. An seinen Flanken liegen nah beieinander gleich drei Burgruinen aus verschiedenen Epochen, sodass Pfalz-Neulinge auf einer kurzen Runde in die ganze Pfälzer Burgengeschichte eingeführt werden.

#Weinstuben #Landeck #Schlössel #Heidenschuh

Eine knappe Stunde dauert der Aufstieg von Burg Landeck zum Martinsturm auf dem 503 Meter hohen Treutelsberg.

Das Gelände am Treutelsberg ist unübersichtlich – gut, dass es das rostrote Logo des Burgenwegs gibt. Den sollte man allerdings nicht wie oft empfohlen gegen den Uhrzeigersinn, sondern im Uhrzeigersinn laufen, denn dann stimmt die historische Reihenfolge der Burgen! Den Auftakt macht die im 8. Jahrhundert errichtete Ruine Heidenschuh, dann geht es zur im 11. Jahrhundert erbauten Ruine Schlössel und als Höhepunkt zur Burg Landeck aus dem 13. Jahrhundert. Eine Epochenreise also von der karolingisch-ottonischen über die Salierzeit bis zur Stauferzeit. Vor den Burgbesuchen nimmt man noch den 503 Meter hoch gelegenen Martinsturm mit.

Beim Anstieg werden zwei Fernblick-Rastplätze passiert, bevor es – zuletzt ziemlich steil – hinaufgeht zum altehrwürdigen, schon 1886 erbauten Martinsturm, auf dem nur ein paar Baumwipfel einem 360-Grad-Panorama im Wege stehen. Der Abstiegsweg verläuft auf

Mitten im Wald liegt die salische Burgruine Schlössel. Ein Streifzug durch die Weinstuben von Klingenmünster ist genau das Richtige, um den Burgentag abzurunden. Rechts: der Treutelsberg aus der Ferne.

der Nordseite des Treutelsbergs und erreicht dann eine Schutzhütte. Direkt dahinter liegen die kargen Mauerreste der Fliehburg Heiden-

schuh. Die Anlage war wohl nie bewohnt, sondern sollte die letzte Zuflucht für die Bewohner des Klosters Klingenmünster bei einem Angriff der Ungarn oder Wikinger sein.

Ein schöner Pfad führt zur Burgruine Schlössel. Deren Reize sind eher untypisch: Erstens liegt sie nicht auf einem Felsen, sondern mitten im Wald, und zweitens wurde sie ausschließlich zur Zeit der Salier im 11. und 12. Jahrhundert genutzt. Bei den immer noch andauernden Grabungen wurde das in eine Mauer eingeritzte älteste Mühlespiel Deutschlands entdeckt.

Steil geht es nun hinab zur Pfalzklinik Landeck am Rande der Weinberge und dann auf einem Panoramaweg wieder hinauf zur

Burg Landeck. Diese ist mit ihren mächtigen Mauern, dem stolzen Bergfried und dem großen Halsgraben eine der beeindruckendsten pfälzischen Burgen aus der Stauferzeit. Eine Schänke mit herrlichem Fernblick und ein Burgenmuseum machen den Besuch zu einem Rundumerlebnis (www.landeck-burg.de).

Tipp: Nach so viel Geschichte hat man sich eine Weinstubensause in Klingenmünster verdient. An der Durchgangsstraße liegen nebeneinander drei passende Lokale: die Weinstuben Pfeffer, Mathis und Zum Fuchsbau (alle in der Weinstraße). Dort gibt es von Dampfnudeln über Rebknorzenspieß, Saumagen und Schiefen Sack bis zum Winzersteak alles, was die Pfälzer Küche so schwer bekömmlich macht.

FAZIT: BURGENGESCHICHTE FEIN PORTIONIERT, DAZU SCHÖNE RASTPLÄTZE, FERNBLICKE UND KULINARISCHES.

Hin & weg: Bahnhof Landau, Buslinie 531 nach Klingenmünster, Haltestelle Pfalzklinikum, 15 Min. Fußweg zum Parkplatz an der Burg Landeck.

Dauer & Strecke: 2 Std. reine Gehzeit, besser aber 3-4 Stunden, 7,5 km.

Beste Zeit: Ganzjährig.

Ausrüstung: Wanderschuhe, wetterfeste Kleidung.

ADRENALIN-KICKS

… am Klettertreffpunkt Bärenbrunnerhof

Klettern gehört zur Südpfalz wie Segeln zur Nordsee. Über 100 Jahre reicht die Tradition des Felskletterns in der Pfalz zurück. Asselstein, Klosterwand, Geierstein, Heidenpfeiler, Jungturm – Namen, die bei Kletterfreaks den Puls hochschnellen lassen.

#Adrenalinschuebe #Klettertreff #Schwierigkeitsgrade #GuckenundStaunen

Nicht immer geht es beim Pfalzklettern so entspannt zu wie hier beim Abseilen: Am Überhang des Honigfelsens hat schon so manchen Kletterer der Mut verlassen.

Zu Beginn der klettersportlichen Erschließung am Anfang des 20. Jahrhunderts galt es vor allem, die Türme zu »bezwingen«, wofür man sich gern auch etwas unfeiner Mittel – geschlagener Griffe oder geschickt platzierter Baumstämme – bediente. Doch schon bald rückte die Suche nach sportlichen Herausforderungen in den Vordergrund; bereits in den 1920er-Jahren wurden Routen im ominösen sechsten Schwierigkeitsgrad erstbegangen. Dann wandte man sich den bis zu 50 Meter hohen Wänden zu, wo seit den 1980ern eine neue Sportklettergeneration die Schwierigkeiten bis zum zehnten Grad hochtrieb.

Für kletternde Pfalz-Neulinge sind auch an leichteren Routen Adrenalinschübe vorprogrammiert: Die ersten eingebohrten Siche-

Ein Wetterfähnchen krönt die Spitze des Honigfelsens. Darunter »es Gscherr«, das Geschirr, wie die Kletterer hier ihr Sicherungsmaterial nennen.

rungen liegen oftmals schon sieben, acht Meter über dem Einstieg, weitere Punkte sind meist so weit voneinander entfernt, dass eigene Sicherungen gelegt werden müssen. Also: Friends und Keile für den Vorstieg einpacken – oder Toprope klettern, durch ein oben an Bäumen oder Ringen befestigtes Seil abgesichert. Anfänger sollten zuerst einen Kletterkurs buchen (zum Beispiel unter www.pfalzklettern.com), Nichtkletterer können einige Felsen über ihre einfache Seite erkraxeln und die Aussicht genießen. Die Routenauswahl an den frei stehenden Felstürmen und Massiven scheint unerschöpflich, allein im Dahner Felsenland gibt es etwa 850 ausgewiesene Anstiege.

Der Bärenbrunnerhof ist der ideale Ort zum Reinschnuppern – und Kult! Malerisch in einem weiten Talkessel gelegen, bietet das Gehöft alles, was das Klettererherz begehrt: ein Lädchen für Klettersport- und Outdoorbedarf und eines mit eigenen Bioprodukten, außerdem ein Gasthaus mit gemütlichem Freisitz – ebenfalls Bio. Drei Steinwürfe entfernt,

Über dem Bärenbrunnertal erheben sich die berühmt-berüchtigten Kletterziele Klosterwand und Nonnenfels. Dazwischen liegt der gerade verwaiste Bärenbrunnerhof-Zeltplatz.

auf einer Wiese im Felsenrund, gibt es doch tatsächlich noch einen Zeltplatz, der seinen Namen verdient – ohne Wohnmobile und Caravans (www.baerenbrunnerhof.de)!

Die Kletterfelsen hat man direkt vor der Nase. Ambitionierte Felsakrobaten zieht es zu den schwierigen Routen am Nonnenfels, zu Klosterwand, Stern und Honigfels. Gelegenheitskletterer sollten sich eher den etwas weiter entfernten Schafsfelsen vornehmen.

Tipp: Wer nicht zum Klettern hergekommen ist, kann in jeweils einer Dreiviertelstunde zu diversen Waldgasthäusern wandern, die da Wasgauhütte, Bühlhofschänke und Wanderheim Dicke Eiche heißen.

FAZIT: DER BÄRENBRUNNERHOF IST KULT: FÜR KLETTERFREAKS AUS ALLER WELT UND ALLE, DIE EINFACH MAL ENTSPANNT ZUSCHAUEN WOLLEN.

Hin & weg: Bahnhof Hinterweidenthal, Buslinie 252 nach Dahn-Reichenbach, 5 km Fußweg über Schindhard zum Startpunkt Bärenbrunnerhof. Oder dort mit dem Auto parken.

Dauer & Strecke: Je nach Gusto ein halber Tag oder ein ganzes Leben; Stippvisiten zu Nonnenfels, Klosterwand und Honigfels insgesamt 3 km.

Beste Zeit: Mai–Oktober.

Ausrüstung: Kletterausrüstung, leichte Wanderschuhe für alle, die nur von unten zuschauen.

SEEROSEN-ZAUBER

... eine Radtour im Dahner Felsenland

#28

Begleitet von rostroten Felsgestalten führt die Seerosentour, ein durchgängig beschilderter Radrundweg, durch stille und abwechslungsreiche Talgründe zu den schönsten Seerosenweihern des Dahner Felsenlands – und zurück in die Zeit des Kalten Kriegs.

#Froschkonzert #USCampDahn #Rohrwoog #Moosbachtal

In Erfweiler, dem Ausgangspunkt der Seerosentour, findet man noch eine Menge Fachwerkromantik. Im Wieslautertal werden Radfahrer von offensichtlich nicht einheimischen Rindern souverän ignoriert.

Von Erfweiler, einem hübschen Fachwerkdorf, geht es durch zwei Tälchen und einen dunklen Wald in das Rohrwoogtal. Das wirkt beim ersten Hinschauen ganz friedlich, aber nein: Der Fahrradweg war einst ein US-Militärsträßchen, die Hügel zur Linken sind Überbleibsel von Bunkern. Man ist fast unbemerkt im ehemaligen US-Camp Dahn gelandet, einem der größten europäischen Munitionsdepots der US Army, wo in etwa 70 Bunkern und über 300 Holzbaracken schwere und leichte Munition gelagert war.

Die Pfalz war nach dem Zweiten Weltkrieg ein bevorzugter Ort für US-Militärstrategen, die in den tiefen Wäldern eine ganze Reihe von Stützpunkten aufbauen ließen. Nach dem Ende des Kalten Kriegs wurden die meisten US-Camps nach und nach aufgegeben und der Öffentlichkeit zugänglich gemacht. Heute findet man dort eine eigenartige Mischung aus Urwald und militärischen Relikten vor.

Doch nun auf zu den Gewässern! Der Hohlwoog ist ein Prachtexemplar von Seerosenweiher, der Rohrwoog ein lauschiger Badeweiher mit dem typischen weichen, moorbraunen Wasser. Durch das Wieslau-

---

Hin & weg: Parkplatz auf dem Dorfplatz links der Kirche in Erfweiler.

Dauer: 2 Std. reine Fahrzeit, 32 km.

Beste Zeit: Ganzjährig, besonders lohnend zur Zeit der Seerosenblüte von Juni–September.

Ausrüstung: Tourenrad oder Mountainbike (es geht ohne größere Anstiege über Asphalt, Feinschotter und Sandboden), was zu trinken, im Sommer Badesachen.

Das Baden im Rohrwoog spaltet die Gemüter: Während die einen das dunkle Moorwasser über alles lieben, hätten's die anderen gern »sauberer«.

tertal (Eskapade #46) führt die Tour dann ins Moosbachtal und zum rundum von Dauercampern besiedelten Neudahner Weiher. Der ruhigere Teil kommt gleich dahinter: das weitläufige Naturschutzgebiet Moosbachtal.

Am Klan'schen Weiher, wo die Seerosentour Richtung Dahner Hütte abbiegt, sollte man unbedingt einen Abstecher zum Kranzwoog machen. Also geradeaus weiter, auf einem ehemaligen Militärsträßchen – links sieht man noch den Eingang einer ehemaligen US-Stollenanlage – durch eine urwüchsige Feuchtlandschaft und dann auf einem feingeschotterten Weg nach links zum wohl schönsten Seerosenweiher der Region. Ein – von Froschkonzerten abgesehen – überwältigend stiller Platz! Den Seerosenzauber gibt's umsonst, 39 Millionen Euro gespart! Für diese Summe kam 2008 bei Sotheby's das Seerosengemälde »Nymphéas« von Claude Monet unter den Hammer.

Nun auf der rechten Talseite zurück zur offiziellen Route und über die gemütliche Einkehrstation Dahner Hütte (www.pwv-dahn.de), das Dahner Felsenrund und den Lautertalweg zurück nach Erfweiler.

Tipp: Vom Neudahner Weiher ist man zu Fuß in einer Viertelstunde auf der Burgruine Neudahn, anschließend ist die Gaststätte am Weiher ein williger Helfer im immerwährenden Kampf gegen Hunger und Durst.

FAZIT: DIE SEEROSENBLÜTE IM HOCHSOMMER – UNBEDINGT ANSCHAUEN!

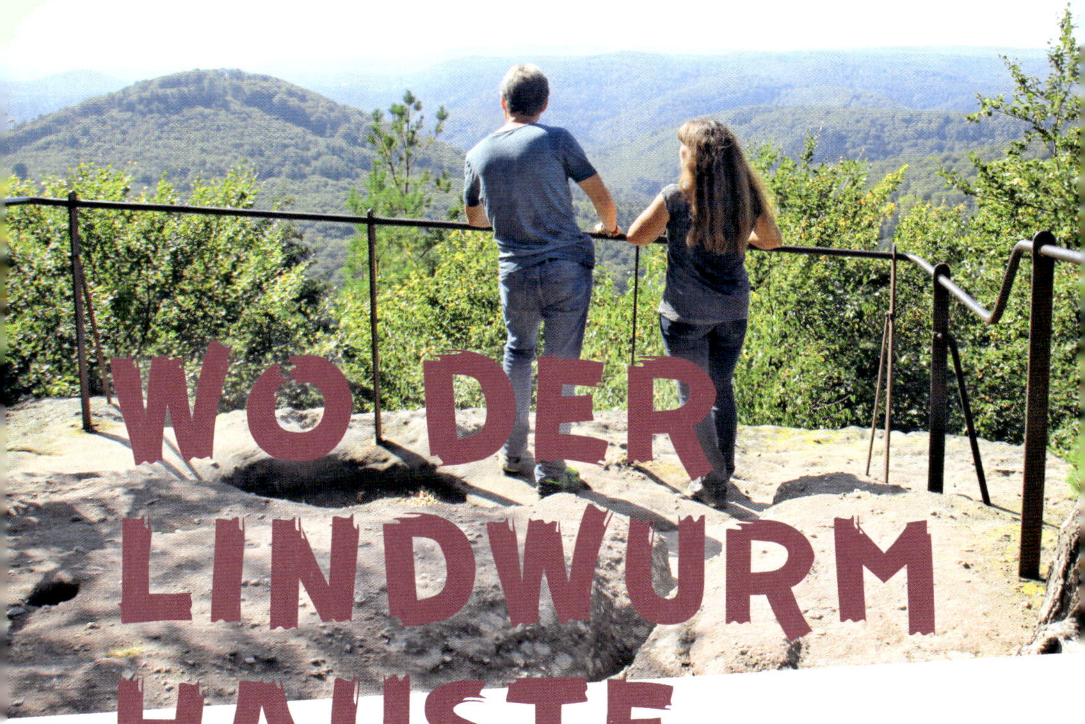

WO DER LINDWURM HAUSTE

... auf dem Drachenfels

#29

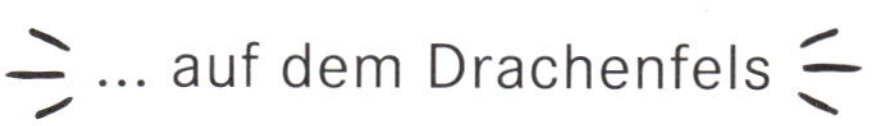

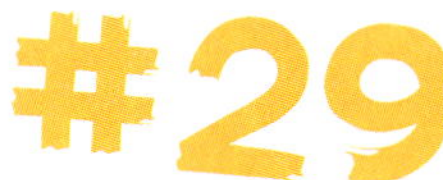

Wer im nördlichen Pfälzerwald das ganz besondere Wanderziel sucht, dem sei der Drachenfels ans Herz gelegt, ein wuchtiger Bergstock mit den einzigen großen Felsen in diesem Teil des Naturparks Pfälzerwald. Ein sagenumwobener Ort, soll hier doch der Drache der Nibelungensage gehaust haben.

#Magie #Nibelungensage #Weitblick #Urwald #Isenachtal

Nach einem langen Aufstieg erfüllt der Westfels des Drachenfelsens alle Fernblickträume: ein Wäldermeer, so weit das Auge reicht.

Bereits beim Anmarsch ist die Magie dieses mit außergewöhnlicher Aussicht und vielen kleinen Kostbarkeiten lockenden Platzes zwischen Isenachtal und Hochspeyerbachtal zu spüren. Doch zunächst einmal heißt es am Gasthaus Saupferch noch einmal tief durchatmen – stolze 340 Mittelgebirgshöhenmeter sind es bis auf den 571 Meter hohen Gipfel. Schon der Aufstieg kann begeistern – genau so muss ein Pfad auf einen großen Pfälzer Berg beschaffen sein: ziemlich steil, immer samtweich, dabei interessant gewunden!

Auf dem Gipfel dann der erste Paukenschlag: Vom Westfels blickt man bis zu den großen Nordpfälzer Bergen Donnersberg und Potzberg, bei gutem Wetter sogar bis zum Hunsrück. Und sonst: Pfälzerwald pur. Der ge-

Auf dem warmen Gestein des Südfelsens liegen, sich von der Sonne bescheinen lassen und dann und wann in die Ferne blinzeln – die Zeit scheint für eine Weile stillzustehen.

samte Bergrücken ist als Naturschutzgebiet ausgewiesen und auf dem besten Weg zu einem Urwald. Auch deshalb sind die Reste eines Ringwalls aus römischer Zeit in der Nähe des Westfelsens nur noch schwach unter dem üppigen Bewuchs auszumachen.

Eine gute Viertelstunde dauert die Überquerung des Gipfelplateaus, dann steht man auf dem lang gestreckten, über 25 Meter hohen Südfels. Der bietet abermals einen atemberaubenden Blick über die Gipfelparade des Pfälzerwaldes und in die Rheinebene. Einige Meter vor der Felsspitze gibt es einen schmalen Durchschlupf, durch den man hinuntersteigen kann zur Durchblickkammer, einer nach beiden Seiten des Felsens offenen Höhle. Vom Felsplateau läuft man anschließend kurz zurück und steigt auf einem steilen Pfad rechts hinunter. Jetzt nicht den kleinen Abstecher auf einem gesicherten Felsenpfad zur Drachenhöhle verpassen! Hier soll der Lindwurm gehaust haben, den Siegfried in der Nibelungensage erschlug. Kurz innehalten und der Legende nachspüren ...

Über die Wegspinne Sieben Wege im Süden des Drachenfels führt ein bequemer Forstweg zur Lambertskreuzhütte, einem trotz seiner abgeschiedenen Lage viel besuchten Stützpunkt des Pfälzerwald-Vereins, an dem Wanderwege aus allen Himmelsrichtungen zusammentreffen (www.lambertskreuz.eu). Der Abstieg ins Dreibrunnental und weiter zum Saupferch verwöhnt abermals mit einem Traumpfad. Und die Speisekarte des Gasthauses Saupferch bietet alles, was eine zünftige Vesper ausmacht (www.saupferch.de).

Auf der Lambertskreuzhütte, einer der meistbesuchten Hütten des Pfälzerwald-Vereins, gibt es mehr, als man von einer Pfälzer Hütte üblicherweise erwarten kann: sogar Pommes!

FAZIT: AUF TRAUMPFADEN UND MIT SCHÖNEN AUSBLICKEN ZU EINEM MAGISCHEN ORT IN WELTFERNER LAGE.

Hin & weg: Bahnhof Bad Dürkheim, Buslinie 485 über Hardenburg zur Haltestelle Saupferch, 20 Min. Fußweg zum Wanderparkplatz an der Waldgaststätte Saupferch.

Dauer: 3 Std. Gehzeit, 11 km, 400 hm.

Beste Zeit: Ganzjährig, nicht bei Vereisung.

Ausrüstung: Wanderschuhe, wetterfeste Kleidung, Wanderkarte 1:25 000.

SAMT-WEICHE PFADE

Wer naturbelassene Waldpfade durch Märchenwälder liebt, sich am Wechsel zwischen bizarren Felsformationen und stillen Talsenken erfreuen kann und zudem urige Waldgaststätten zu schätzen weiß, der liegt hier goldrichtig.

#Felsformationen #Regentraum #Schuhstadt

Wenn die Morgensonne ihr Licht auf den Gebrochenen Felsen wirft, hat man den optimalen Zeitpunkt für die schönste Passage der Felsenwaldtour erwischt: den Pfad über dem Glastal.

Die Felsenwaldtour, einer von rund 20 Premiumwegen in der Südwestpfalz, erschließt in einem anregenden und wenig anstrengenden Auf und Ab die Naturwunder bei Pirmasens, der früheren deutschen Schuhmetropole. Die Rundwanderung ist auch an Regentagen schön, wenn der Wald seinen besonderen Zauber entfaltet und einer der großen Wandervorzüge des Pfälzerwaldes deutlich wird: Der Buntsandsteinboden saugt so viel Regen auf, dass die Pfade auch nach längeren Schlechtwetterperioden nicht verschlammt sind.

Vom Forsthaus Beckenhof, einem seit vielen Generationen beliebten Ausflugslokal, führt ein leicht ansteigender Pfad zum Felsentor. Der mannshohe Felsdurchbruch ziert das Logo des Premiumwegs. Auf das trotz seiner Nähe zur viel befahrenen Bundesstraße 10 erstaunlich stille Glastal folgt die schönste Passage der Tour: ein gewundener Felsenpfad mit der lang gestreckten Schillerwand, dem wie von einer Riesenfaust zertrümmerten Gebrochenen Felsen und dem tropisch-feuchten Luitpoldfelsen. Am Gebetbuch, einer ebenmäßigen Felsplatte, vorbei geht es dann durch einen moosigen Märchenwald zum Kugelfelsen, der mit seinen Türmchen, Überhängen, Höhlen und Kugelstein-Auswaschungen wie ein natürlicher Abenteuerspielplatz wirkt. Nun hinunter zum Eisweiher am Ortsrand von Pirmasens und wieder hinauf zum Wanderparkplatz Platte, wo sich Spaziergänger und Jogger treffen. Am Geisenfelsen entlang läuft

man dann durch eine waldige Talsenke und hinauf zum letzten Felsenwunder des Wegs, dem Kanzelfelsen, einem pilzförmigen Turm.

Zeit für kalorienreiche Kost! Da kommt das Waldhaus Starkenbrunnen des Pfälzerwald-Vereins mit seinen schattigen Freisitzplätzen gerade recht (Eskapade #49). Noch ein kurzer Anstieg und schon ist man wieder am Forsthaus Beckenhof angelangt (www.beckenhof.de). Dort kann man bei der unvermeidlichen Abschlusseinkehr über einen Satz des in Pirmasens geborenen Dadaisten Hugo Ball philosophieren: »Wenn man das Unglück hat, in der Pfalz geboren zu werden, dann muss man immer im Wald herumlaufen, das ist die einzige Rettung.«

FAZIT: BEI JEDEM WETTER UND ZU JEDER JAHRESZEIT EIN RUNDES ERLEBNIS. KURZWEILIGER TRIP MIT INTERESSANTEN ZWISCHENSTATIONEN.

Hin & weg: Parkplatz am Forsthaus Beckenhof bei Pirmasens, beschilderte Abzweigung von der B 10.

Dauer: 4 Std. Gehzeit, 13,5 km.

Beste Zeit: Ganzjährig.

Ausrüstung: Wanderschuhe, wetterfeste Kleidung, Proviant für unterwegs.

HELDEN-STEINE

… aus dem Elmsteiner Tal zum Schänzelturm

Zwischen dem Elmsteiner Tal und der Kalmit, der höchsten Erhebung des Pfälzerwaldes, verläuft dieser längere Rundweg. Er erschließt ein ergiebiges Wanderrevier mit romantischen Tälern, stolzen Mittelgebirgsgipfeln und interessanter Geschichte.

#BadenimWeiher #indieGeschichtehören #Schänzelschlacht #ElmsteinerTal

Auf Wurzelpfaden verläuft der Aufstieg auf den Steigerkopf, wo der Schänzelturm einen weiten Blick über den zentralen Pfälzerwald ermöglicht.

Der Wegverlauf meidet die in dieser Region manchmal etwas eintönigen Forstwege und setzt stattdessen auf von Farn, Heidelbeersträuchern und Heidekraut gesäumte Pfade, die auf weichem Grund durch Mischwälder führen. Trotz der Tourenlänge kann man an Wochenenden auf Proviant verzichten – unterwegs gibt es drei nette Wirtshäuser. Gleich zu Beginn gilt es aufmerksam zu sein am Helmbachweiher. Recht unscheinbar ist nämlich direkt neben der Abzweigung des Sträßchens zum Naturfreundehaus Kohlbachtal der Beginn des mit dem gelb-grünen Kreuz markierten Wegs zur Totenkopfhütte (www.pwv-maikammer.de). Diese liegt auf 500 Metern auf einem Bergkamm der Totenkopf-Höhenstraße, die sich vom Elmsteiner Tal zu den Weindörfern Maikammer und St. Martin hinüberschlängelt. Wegen ihrer zentralen Lage kommen hier gern Ausflügler, Wanderer und

Biker vorbei. Der folgende Höhenweg zum Schänzelturm ist blau-gelb markiert, überquert an der Passhöhe Lolosruhe die Heldenstein-Höhenstraße (Eskapade #18) und führt dann hinauf auf den 614 Meter hohen Steigerkopf mit dem Schänzelturm. Der bietet zwar nur ein 120-Grad-Panorama, das aber hat es in sich: Man schaut weit über die gestaffelten Hügelketten des Trifelslandes, des Wasgaus und des zentralen Pfälzerwaldes.

Am Abstiegsweg liegen mehrere Denkmäler, die Heldensteine. Sie erinnern an die bewegte Geschichte dieses Bergs: Während des Revolutionskriegs 1794/95 war er Schauplatz mehrerer Schlachten, bei denen das französische Heer auf Österreicher und Preußen traf. Kriegerische Auseinandersetzungen hatte es auch schon im Dreißigjährigen Krieg gegeben,

Ganz im Sprachgebrauch ihrer Epoche sind die Gedenktafeln am Steigerkopf gehalten. Wieso ausgerechnet dieser abgelegene Gipfel so häufig Schauplatz von Kämpfen wurde, ist heute schwer nachvollziehbar.

als schwedische Truppen hier ihre Stellungen aufgebaut hatten.

Im ehemaligen Forsthaus Heldenstein (www.forsthaus-heldenstein.de) kann man sich stärken für den ausgedehnten Weg zum Naturfreundehaus Kohlbachtal. Mit dem roten Kreuz als Orientierungshilfe wandert man zunächst Richtung Taubensuhl bis zu einer Weggabelung. Dort wechselt die Markierung zu Grün-Blau. Nach etwa einer halben Stunde auf einem Forstweg zweigt links mit dem blauen Punkt ein steiler Pfad ab zum Naturfreundehaus. Es liegt tief im Talgrund, dort, wo sich die Wasser von Bollerbach und Schlotterbach zum Kohlbach vereinen.

Den Ausklang der Wanderung bildet ein Pfad am linken Ufer des gurgelnden Gewässers: Nun ist es nicht mehr weit bis zum erfrischenden Bad im Helmbachweiher!

FAZIT: LÄNGERE RUNDE DURCH EIN UNBEWOHNTES, ABER KULINARISCH GUT BESTÜCKTES WANDERGEBIET.

Hin & weg: Parkplatz am Helmbachweiher, von der L 499 zwischen Lambrecht und Elmstein 1,5 km Richtung Iggelbach/Hornesselwiese.

Dauer & Strecke: 5–6 Std. Gehzeit, 21 km, 690 hm.

Beste Zeit: Ganzjährig.

Ausrüstung: Wanderschuhe, wetterfeste Kleidung, Wanderkarte 1:25 000, unter der Woche Brotzeit mitnehmen, im Sommer Badesachen und Decke für den Helmbachweiher.

HÖHEN-RAUSCH

... auf den Almersberg und zur Jung-Pfalz-Hütte

#32

Die Bernina hat den Piz Zupo, den »Versteckten Berg«, der Himalaya hat den Hidden Peak und der Pfälzerwald hat den Großen Almersberg: Hohe und abgelegene Gipfel, die sich den Blicken aus dem Tal entziehen und wegen ihrer populäreren Nachbarn nur selten bestiegen werden.

#Weitblicke #Gipfel #Einsamkeit #Trifelsland

Wie fast alle Wasserläufe im Pfälzerwald führt auch der Freischbach quellklares Wasser – dem reinigenden Buntsandstein sei's gedankt. Im Hochsommer ein Genuss, darin herumzuwaten!

Der 564 Meter hohe Almersberg als Aussichtsgipfel par excellence und die Jung-Pfalz-Hütte, die bei Kennern als die schönstgelegene des Pfälzerwaldes gilt, sind die Höhepunkte dieser Eskapade. Eine Route für Wanderer mit Freude an einsamen Wegen, guter Kondition und wachem Orientierungssinn!

Vom Wilgartswieser Bahnhof bummelt man in die Dorfmitte, überquert die Durchgangsstraße und läuft dann halb rechts in die Herrengasse. Dort stößt man auf die Markierung Gelb-Rot, die über einen kleinen Pass ins Freischbachtal hinüberführt. Etwa 50 Meter östlich des Sattels kann man sich noch die Wolfsgrube anschauen, eine aus Sandstein gemauerte historische Wolfsfalle.

Das stille Freischbachtal ist Balsam für zivilisationsmüde Seelen. Unten im Tal sieht man kurz den Almersberg vor sich und ahnt die bevorstehenden Aufstiegsmühen. Das folgende Wellbachtal könnte ähnlich schön sein, gäbe es nicht auf der jenseitigen Talseite eine überregional bekannte Motorradrennstrecke.

Talaufwärts geht es zum Wanderparkplatz Zwiesel, über die Straße und mit dem Wegzeichen rot-weißer Balken steil hinauf. Schon weit oben, an einem kleinen Tümpel, wird die Route auf einem Pfad mit der Markierung roter Punkt fortgesetzt. Eine kleine, aber feine Felsgruppe empfängt den Wanderer auf dem Almersberg. Am entgegengesetzten, südwestlichen Ende des Gipfelplateaus gilt es gut aufzupassen, um nicht den unscheinbaren Pfad nach links zum Almersberg-Aussichtspunkt zu übersehen. Man würde einen spektakulären Blick über die tief gestaffelten Hügelketten verpassen!

Die Jung-Pfalz-Hütte kommt gerade richtig für eine Stärkung vor dem finalen Abstieg; sie liegt aussichtsreich am Westhang des Großen Adelsbergs. Noch spektakulärer allerdings ist der Blick vom Großen Almersberg.

Weiter mit dem roten Punkt geht es dann an der Nordseite des Berges hinunter. Nun nicht die erste, sondern die zweite Linksabzweigung nehmen! So kommt man zu dem mit einem blauen Balken gekennzeichneten Weg, der südwärts Richtung Annweiler und damit in einer guten Stunde zur Jung-Pfalz-Hütte führt.

Die liegt hoch oben am Großen Adelsberg (Eskapade #35), hat einen urgemütlichen Gastraum, wunderschön gelegene Freisitzplätze und einen freien Blick nach Süden und Westen (www.jung-pfalz-huette.de). Nach der Rast läuft man auf einem sandigen Höhenweg nach Osten zu einer Weggabelung und dann mit dem weinroten Logo des Pfälzer Weinsteigs an der Holderquelle und dem Aussichtspunkt Krappenfelsen vorbei nach Annweiler. Die Bahnfahrt zurück nach Wilgartswiesen ist eine Sache von zehn Minuten; wer unverschämtes Glück hat, erwischt sogar einen funktionierenden Fahrkartenautomaten!

FAZIT: DIE TOUR HAT ES IN SICH – DAFÜR IST DER BLICK VON DEM EXPONIERTEN GIPFEL BERAUSCHEND!

Hin & weg: Start am Bahnhof in Wilgartswiesen, Ziel ist Annweiler, Rückkehr mit der Bahn.

Dauer & Strecke: 5–6 Std. reine Gehzeit, 19 km, 605 hm.

Beste Zeit: Ganzjährig außer an heißen Tagen.

Ausrüstung: Wanderschuhe, wetterfeste Kleidung, Wanderkarte 1:25 000, Proviantrucksack.

GIPFEL-GLÜCK

... Bergwanderung zum Felsenmeer und zur Kalmit

Die Kalmit bei Neustadt ist mit 672 Metern der höchste Pfälzerwaldgipfel. Dass man mit dem Auto fast bis nach oben fahren kann, soll nicht heißen, es handele sich um einen Berg nur für Bequeme – aus allen Himmelsrichtungen führen nämlich attraktive Wanderwege hinauf.

#vierVegetationszonen #Auerochsen #fürWeingenießer #SanktMartin

Auf der Großen Kalmit liegt den Besuchern die Rheinebene zu Füßen. Keine halbe Stunde entfernt dient das Felsenmeer den Boulderern als Abenteuerspielplatz.

Ein solch kapitaler Berg gehört, sofern es die Fitness erlaubt, von ganz unten bestiegen. Zum Beispiel von St. Martin, einem ausnehmend hübschen, mitunter allerdings etwas überlaufenen Winzerdorf. Beim 450-Höhenmeter-Aufstieg wird man durch gleich vier Vegetationszonen streifen: Auf Weinreben folgt Kastanienwald, in der mittleren Höhenlage dominiert üppiger Mischwald, ganz oben gedeihen dann fast nur noch Kiefern und Zwergeichen. Den Aufgalopp bildet – mit der Markierung Grün-Weiß – das enge und dunkle St. Martiner Tal. Als freundlich dagegen erweist sich die Szenerie um den St. Martiner Weiher (auch Sandwiesenweiher), der sich harmonisch in einen weiten Talkessel einfügt. Oberhalb des von Schilf umsäumten Sees lebt auf einem eingezäunten Areal eine Herde von

Auerochsen gehörten im Pfälzerwald zu den Ureinwohnern, bis sie im 17. Jahrhundert ausstarben. Die an der Kalmit angesiedelten Auerochsen sind eigentlich gar keine Urrinder, sondern entstammen einer Rückzüchtung.

mehr als zehn Auerochsen. Wer möchte, kann dort auch einen Barfußpfad ausprobieren.

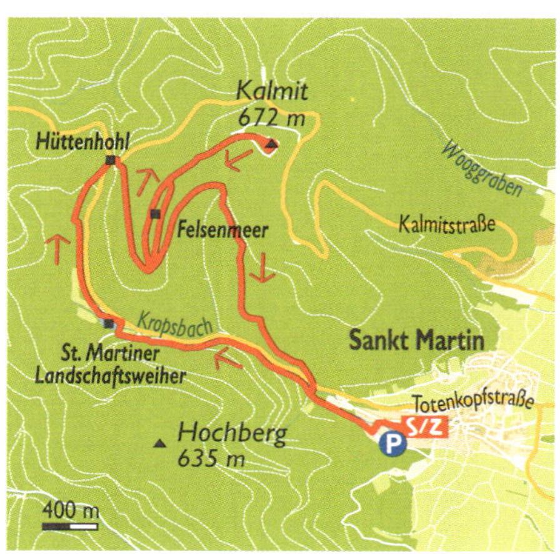

Als Kalmitbesteiger läuft man rechts am Weiher vorbei, legt noch einen Zwischenstopp an der Sankt Martiner Grillhütte ein (www.grillhuette-pfalz.de) und stapft dann weiter bergauf zum Wanderparkplatz Hüttenhohl, wo die beiden Höhenstraßen Kalmit- und Totenkopfstraße zusammentreffen. Bis zum Kalmitgipfel gilt nun das Wegzeichen weiß-grüner Balken.

Auf einem jener Wurzelpfade, an denen der Pfälzerwald so reich ist, geht es zunächst zur Hüttenberghütte, einem Unterstand mit Blick zur Rheinebene, und dann über den Kamm des 600 Meter hohen Hüttenbergs. Hier breitet sich das Felsenmeer aus, eine bizarre Felstrümmerlandschaft, für die man

Der St. Martiner Weiher – ideal für Familien mit Kindern: viel Platz zum Spielen, Auerochsen, ein Barfußpfad und zwei Waldgaststätten. Eher auf Erwachsene gemünzt sind die Winzergasthöfe in Sankt Martin.

sich viel Zeit lassen sollte. Nur eine Viertelstunde ist es dann noch bis zum Gipfel, wo man in aller Ruhe die Aussicht genießt und es sich in der Ludwigshafener Hütte gut gehen lässt – sofern die Öffnungszeit passt (www.kalmithaus.de).

Der Abstieg verläuft auf dem Pfälzer Weinsteig mit seinem rot-weißen Logo. Er führt am Ostabbruch des Felsenmeers entlang, einem Eldorado für Boulderer, jene Kletterbegeisterten, die sich ohne Seil, dafür aber mit Sturzmatten an Blöcken abmühen. Noch einmal passiert man die Hüttenberghütte und kommt dann nach einer knappen Stunde bergab zurück nach Sankt Martin, dem Sehnsuchtsort der Weinseligen.

Hin & weg: Bahnhof Edenkoben, Buslinie 501 nach St. Martin, 10 Min. Fußweg zum Startplatz am Parkplatz im Stöckelfeld. Oder mit dem Auto dort bzw. in der Nähe von Wiedemann's Weinhotel parken.

Dauer & Strecke: 3–4 Std. reine Gehzeit, 13 km, 450 hm.

Beste Zeit: Ganzjährig.

Ausrüstung: Wanderschuhe, Wetterkleidung, Proviantrucksack, Wanderkarte 1:25 000.

FAZIT: DER HÖCHSTE GIPFEL DES PFÄLZERWALDES AUF EINER KURZWEILIGEN RUNDE MIT TIEREN, SPORTLERN UND PFÄLZER KÜCHE.

WEIN-STRAßEN-VULKAN

… von Wachenheim zum Pechsteinkopf

#34

Vor 35 Millionen Jahren war es im Rheingraben tektonisch vergleichsweise ruhig. Im ganzen Rheingraben? Nein! Unweit der Stelle, an der heute die Winzerdörfer Wachenheim und Forst liegen, war die Erdkruste ununterbrochen in Bewegung und ließ den einzigen Vulkan in der Gegend entstehen, den Pechsteinkopf.

#Urwald #Kraterloch #entlangdesWeinsteigs #Wachtenburg #Heidenlöcher

Magisch: die Heidenlöcher, Überreste einer frühmittelalterlichen Fliehburg auf einer Anhöhe im Kiefernwald. Einladend: die Wachtenburg hoch über den Weinbergen von Wachenheim.

Die Eskapade verläuft durch das Naturschutzgebiet Haardtrand und kombiniert das Vulkangelände mit einer Stauferburg, einer Fliehburg und einer Weinbergschlenderei. Von Wachenheim ist man schnell oben auf der Wachtenburg. Die stolze Anlage war über fünf Jahrhunderte lang bewohnt, überstand die Bauernkriege und den Dreißigjährigen Krieg, bis sie von französischen Truppen unter General Melac im pfälzischen Schreckensjahr 1689 geschleift wurde.

Hin & weg: Bahnhof Wachenheim, 10 Min. Fußweg zum Startpunkt Schlossgasse.

Dauer & Strecke: 3 Std. Gehzeit, 12 km.

Beste Zeit: Mai–Juni, September–November.

Ausrüstung: Wanderschuhe, Wanderkarte 1:25 000, Proviant, im Herbst Beutel für Kastanien.

Voller Leben: In den Trockenmauern der Weinbergterrassen finden Eidechsen und Schlangen Unterschlupf.

Wer könnte nach der Besichtigung einer Tasse Kaffee und einem Stück Kuchen in der Panorama-Burgschänke widerstehen? Dann aber weiter! Orientierung gibt das rot-weiße Logo des Pfälzer Weinsteigs, eines 170 Kilometer langen Prädikatswegs, der in stetigem Auf und Ab durch die Weinberge und Wälder an der Deutschen Weinstraße führt.

An der Wegspinne Grüner Baum wendet man sich nach links, um als Abstecher vom Weinsteig das Vulkangelände am Pechsteinkopf zu inspizieren. Da es bis in die 1980er-Jahre hinein als Basaltsteinbruch genutzt wurde, hat die Forstwirtschaft hier über lange Zeit nicht in die Natur eingegriffen. So ist ein Urwald mit von Efeu und Lianen überwucherten Bäumen und dichtem Unterholz entstanden, in dem sich Wildschweine tummeln.

Schilder gibt es keine, also ist Herumstöbern auf eigene Faust angesagt. Rechts des Hauptwegs liegt ein geheimnisvoller See inmitten eines Felsenkessels, wie man ihn nirgendwo sonst in der Pfalz findet. Etwas weiter abwärts kommt man zu einem noch wesentlich tieferen Kraterloch. Wegen der gefährlich steilen Abgründe ist es vollständig umzäunt, der Kratersee ist aber teilweise sichtbar.

Nun wieder zurück zum Weinsteig und auf einem sonnigen Höhenweg zu den Heidenlöchern, einer Fliehburg aus dem 9. und 10. Jahrhundert. Innerhalb des von einer Ringmauer umschlossenen Plateaus zeugen zahlreiche Mauerreste davon, dass hier etwa 80 eingeschossige Gebäude den Bewohnern der Ebene bei einem Überfall einen Rückzugsort boten – eine erstaunliche Anlage, deren ganz eigene Atmosphäre sofort gefangen nimmt. Vorbei an der Michaelskapelle, einer Wallfahrtskirche, geht es hinab in die Deidesheimer Weinlagen. Der Rückweg gehört den Reben! Auf einem Teilstück des Wanderwegs Deutsche Weinstraße bummelt man an Trockenmauern entlang, auf denen sich Eidechsen und Schlangen sonnen, verweilt auf wunderschön gelegenen Rastplätzen und streift dann durch die Weinlage Forster Ungeheuer direkt nach Wachenheim – oder steigt zum Vespern noch einmal zur Burg hinauf.

FAZIT: GEMÄCHLICHES AUF UND AB ZU GESCHICHTLICH, GEOLOGISCH UND BOTANISCH INTERESSANTEN PLÄTZEN.

HÖHEN-METER MACHEN

... Extremwanderung rund um Annweiler

Wie wunderbar befreiend ist es doch, dann und wann etwas Verrücktes zu tun! Wie wär's mit einer Tour über fünf Gipfel mit 1730 Höhenmetern und 40 Kilometern Länge? Eine Traumtour für Fernblick-Freaks, die Orientierungssinn, Kondition und einen vollen Tag Zeit mitbringen.

#Fernblick #vorSonnenaufgang #Paraglider #Trifelsland

Am Hohenberg drehen Paraglider ihre Runden. Lohn des schweißtreibenden Aufstiegs auf den 550 Meter hohen Gipfel: der Postkartenblick zur Burg Trifels.

Annweiler, das schmucke Städtchen am Fuße der Burg Trifels, wird von einer Reihe an die 600 Meter hoher Mittelgebirgsgipfel umrahmt. Die fünf höchsten bilden die Etappenziele dieser Rundtour. Erfahrene Wanderer haben nur das Allernötigste im Rucksack: Regenschutz, Schoko, Energieriegel, mindestens zwei Liter Flüssigkeit. Und eine Taschenlampe: Je nach Jahreszeit kann der abschließende Abstieg vom Rehberg schon mal in die Dunkelheit fallen.

Aufbruch spätestens kurz nach Sonnenaufgang! Erster Gipfel ist der Adelsberg, ein wuchtiger Kegel über den Straßentunneln der viel befahrenen B 10. Auf dem Pfälzer Weinsteig läuft man sich warm bis kurz vor der Holderquelle und wechselt dann auf einen unbeschilderten Sandweg nach links. Am Adelsberg-Osthang zweigt an einer Schneise ein Pfad zu einem Paraglider-Startplatz ab, dem ersten von vier auf dieser Tour. Für die wenigen Meter zum Gipfel und den Abstieg nach Westen muss eine von Grenzsteinen gesäumte Pfadspur genügen!

An einem Sattel trifft man auf gediegenere Wege und läuft auf dem Pfälzer Weinsteig über Gräfenhausen bis kurz vor Eußerthal, an einer Sitzgruppe rechts hinunter ins Tal und mit Rot-

Durch ein mediterran anmutendes Gelände führt ein Pfad hinunter nach Albersweiler im Queichtal, dem tiefsten Punkt der Wanderung, wo man seine Proviantvorräte auffüllen kann.

Weiß hinüber nach Dernbach. An der Landauer Hütte vorbei geht es nun auf den Orensberg, auf dem es Reste eines 2,5 Kilometer langen keltischen Ringwalls gibt. Hauptattraktion jedoch ist der Orensfelsen, ein spektakulärer Aussichtsbalkon. Beim ostseitigen Abstieg hilft das Logo des Pfälzer Hüttenwegs. Den verlässt man allerdings nach etwa 20 Minuten, um auf dem Rundweg Nr. 1 rechtsherum durch eine mediterran anmutende Bergflanke nach Albersweiler zu laufen.

Jetzt der massige Hohenberg! Im Dorf kurz Richtung Landau, bei erster Gelegenheit über die Queich, auf dem Pfälzer Keschdeweg und dann dem schwarzen Punkt nach über den langen Gipfelkamm mit dem aussichtsreichen Schumacherfelsen und drüben hinunter zur Wegspinne Am Zollstock. Dort halblinks

Abschließender Höhepunkt der Gaga-Tour ist das Trifelsland-Panorama vom Rehbergturm.

weiter zum Wegedreieck Hexenplätzel, steil rechts hinauf auf den Föhrlenberg und westwärts zum Slevogt-Felsen. Nirgendwo sonst lässt sich das Burgentrio Trifels-Anebos-Münz so unmittelbar bestaunen wie hier!

Ein Serpentinenpfad führt hinunter zum Wanderparkplatz Ahlmühle an der Trifelsstraße, wo man sich dem grünen Dreieck anvertraut. Für den finalen Aufstieg auf den Rehberg nimmt man dann den Richard-Löwenherz-Weg. Die Rundschau vom Rehbergturm (Eskapade #20) setzt einen grandiosen Schlusspunkt, bevor man an der Klettererhütte am Asselstein vorbei hinunterstolpert nach Annweiler.

Tipp: Wer es ruhiger angehen möchte, teilt die Tour auf zwei Tage auf. Gemütlich schlafen und gut essen kann man auf etwa halber Strecke im St. Laurentiushof in Birkweiler (www.stlaurentiushof-birkweiler.de) zwei km abseits der Route.

FAZIT: WILLENSSTARKE WANDERER WERDEN BEI DIESER ABENTEUERLICHEN UNTERNEHMUNG VIEL SPAß HABEN. ANDERE ÜBERNACHTEN EINFACH AUF HALBER STRECKE.

Hin & weg: Bahnhof Annweiler.

Dauer & Strecke: 9–12 Std. reine Gehzeit, 40 km, 1730 hm (!).

Beste Zeit: Mai–Juni, September–November.

Ausrüstung: Feste Wanderstiefel, Wetterschutz, eventuell Wanderstöcke, Karte 1:25 000, Proviantrucksack, Taschenlampe. Und: sehr gute Kondition.

DER BLICK SO WEIT

… Aussichtslogen im nördlichen Wasgau

#36

Hier geht's in die Vollen! Ein Gipfelparcours mit mächtigen Felsen, von denen sechs wahre Premiumaussichtspunkte abgeben, und als Kontrast dazu ein gemütlicher Abschlussbummel durch die hübsche Altstadt von Annweiler am Trifels.

#Felsenabenteuer #vonGipfelzuGipfel #Buntsandstein

Ganz erlebnishungrige Wanderer brechen bei dieser Eskapade am späten Nachmittag auf und biwakieren nach knappen drei Stunden auf dem Luger Geierstein, um dort den Sonnenaufgang zu erleben.

Die Tour verläuft parallel zum Queichtal am nördlichen Rand des bis nach Saverne im Elsass reichenden sagenumwobenen Wasgaus, der seinen Namen dem keltischem Waldgott Vosegus verdankt. Anders als im nördlichen Pfälzerwald, der mit seinen langen Höhenzügen ein reines Waldland ist, gibt es hier größere offene Tallagen. Aus ihnen ragen Kegelberge heraus, die oft von bizarren Felsgestalten gekrönt werden – die Erosion hat hier in 250 Jahrmillionen ganze Arbeit geleistet. Den Wanderer freut's, kann er doch viele dieser Felsen als Aussichtsloge nutzen.

Eine durchgängige Markierung der Route gibt es nicht; man kann sich aber mithilfe der Wanderkarte gut orientieren, lediglich der Rauhberg erfordert etwas pfadfinderisches Geschick. Nur eine Minute vom Wanderbahnhof Hauenstein-Mitte entfernt beginnt die Tour auf einem Pfad hoch zum Hauensteiner Hausberg, dem Neding mit dem Nedingfelsen. Ein erster Nervenkitzel! Die Plattform ist nicht gesichert, der durch eine Kluft abgesetzte vordere Felsteil nur über ein ausgesetztes Brückchen zu erreichen.

Westwärts läuft man dann hinunter zur jungen Queich, um den Rauhberg von seiner Südwestseite her anzugehen. Dazu ohne Wegzeichen rechts ins Tal hinein und bald links auf einem Pfad bergauf. An einer Wiese entdeckt man das Logo der Spirkelbacher Rauhberg-Tour, die auf einem Waldweg und dann auf einem Wurzelsteig zum Fuß des Spirkelbacher Rauhfelsens führt. Ein Genuss, an der mit Kletterrouten gespickten Felsmauer entlangzukraxeln und unter einer Felsplatte hindurchzuschlüpfen!

Kurz darauf der nächste Paukenschlag: der exponierte Rauhfelspfeiler. Mit seinem klassischen Wasgau-Panorama ist er wie geschaffen für ein zweites Frühstück. Auf dem Gipfel

dann ein neues Felsenabenteuer, wenn man sich auf einem Felsband gebückt vorwagt bis zu einem exponierten Aussichtspunkt.

Auf der Ostseite des Bergs liegt das verschlafene Dorf Spirkelbach, von dem aus das blaue Kreuz durch die Höllenberg-Südflanke führt. An einer ausgeprägten Linkskehre verlockt der Höllenfelsen zu einem kurzen Abstecher. Vorbei am Luger Friedrichsfelsen, einem der höchsten Felspfeiler der Pfalz, geht es dann hinunter nach Lug. An der Kirche findet man das Logo der Geiersteine-Tour für den Weg über den Heischberg zum Luger Geierstein, einer vielgestaltigen Rampe mit wunderbarer Aussicht nach Osten.

Nun kurz südwärts unterhalb der Wand entlang zum Waldrand und dann auf dem Keschdeweg (Eskapade #48) durch Wiesengelände über Wernersberg nach Annweiler. Dort kann man sich getrost Zeit lassen und noch durch die Gassen bummeln – der Zug zurück nach Hauenstein verkehrt im Stundentakt.

FAZIT: AUFREGENDER GIPFELPARCOURS MIT PREMIUMAUSSICHTSPUNKTEN. IM MITTELPUNKT STEHEN FELSENERLEBNISSE FÜR NICHTKLETTERER.

Hin & weg: Start am Bahnhof Hauenstein-Mitte, Ziel ist Annweiler, Rückkehr mit der Bahn.

Dauer: 4–5 Std. Gehzeit, 17 km, 500 hm.

Beste Zeit: Ganzjährig.

Ausrüstung: Wanderschuhe, wetterfeste Kleidung, Wanderkarte 1:25 000, Proviantrucksack.

DREI AUF EINEN STREICH

... die Burgen des Leininger Landes

Einen ausgedehnten Streifzug durch das Leininger Land, jenen nordöstlichen Zipfel des Pfälzerwaldes, der über Jahrhunderte vom Adelsgeschlecht der Leininger geprägt wurde, verspricht der Leininger Burgenweg. Er verbindet auf langen Höhenwegen mit kurzen Zwischenabstiegen die drei Burgen Neuleiningen, Altleiningen und Battenberg.

#FelsenundReben #Burgruinen #Battenberg #Neuleiningen #Altleiningen

An der Burgmauer der Burgruine Altleiningen lädt ein Schwimmbad zu einem längeren Zwischenstopp ein. Wie so vieles an der Weinstraße löst auch die Burgruine Battenberg (rechts) Mittelmeergefühle aus.

Die tagesfüllende Tour bietet kontrastreiche Landschafts- und Dorferlebnisse mit vielen Weit- und Tiefblicken. Los geht's im Oberdorf des malerisch auf einer Bergkuppe thronenden Dörfchens Neuleiningen, westlich der gut

erhaltenen Stadtmauer. Ein aussichtsreicher Höhenweg zieht sich fast bis nach Altleiningen. Man wandert am Waldsaum entlang, genießt die schmalen Pfade im Eichen-, Kastanien- und Kiefernwald, passiert eine Felstrümmerlandschaft, quert das Amseltal und steigt dann hinauf zur Burg Altleiningen, in der eine Jugendherberge untergebracht ist. Warum nicht im Schwimmbad direkt an der Burgmauer ins kühle Nass eintauchen und sich anschließend in der Burgschänke für den Weiterweg stärken?

Dann geht es hinunter ins schmucke Altleiningen, hinüber zu den Wiesen des Langentals und auf samtweichen Pfaden empor zum kieseligen Kupferbergfelsen. Der folgende lange Höhenweg nach Battenberg führt zunächst durch lichten Kiefernwald mit einigen Aussichtspunkten, dann durch dichten Laubwald

und abschließend über die Felder des Battenberger Höhenrückens, wo der Fernblick bis zum Donnersberg und zum Odenwald reicht. In Battenberg schlendert man zwischen Reben zur gleichnamigen Burgruine, lässt es sich im Burgrestaurant mit seinem mediterranen Ambiente (www.hofgutbattenberg.de) gutgehen und setzt sich vielleicht noch ein Stündchen auf die Burgmauer, um den Blick über die Rheinebene schweifen zu lassen.

Prächtig erholt steigt man dann durch das Naturschutzgebiet Haardtrand hinunter ins Eckbachtal und drüben steil hinauf nach Neuleiningen, wo die gleichnamige Burgruine und eine vorzügliche Gastronomie für einen runden Abschluss der Tour sorgen.

Tipp: Der Burgenweg kann – unter Verzicht auf Altleiningen – verkürzt werden, indem man bereits vier Kilometer nach dem Start auf einem alten Weinsträßchen ins Eckbachtal absteigt.

FAZIT: KONTRASTREICHE LANDSCHAFT UND NETTE DÖRFER: EINE RUNDWANDERUNG MIT VIEL FERNBLICK UND EINKEHRGLÜCK.

Hin & weg: Bahnhof Grünstadt, Buslinie 457 nach Neuleiningen, Haltestelle Kreuz.

Dauer & Strecke: 5–6 Std. Gehzeit, 22 km (Variante 15 km).

Beste Zeit: Mitte April–Juni, September–November.

Ausrüstung: Wanderschuhe, Proviantrucksack, im Sommer können Badesachen nicht schaden.

FEUER UND WASSER

... im Karlstal, der schönsten pfälzischen Klamm

Der Oberlauf der Moosalbe bei Trippstadt ist ein stilles Wiesental, das sich im Karlstal inmitten einer wilden Felstrümmerszenerie zu einer romantischen Klamm verengt. Schwer vorstellbar, dass hier einst das Feuer von Schmelzöfen loderte und Mühlräder Gebläse und Schmiedehämmer antrieben.

#kühleKlamm #Sommerfrische #Trippstadt #Finsterbrunnertal

Ein klassisches Fotomotiv: der Pavillon im Karlstal. Unterwegs trifft man immer wieder auf Spuren der Trippstadter Eisenindustrie wie dieses Mühlrad.

Im Jahre 1724 begann die Trippstadter Eisenzeit. Obwohl abseits der wichtigen Verkehrswege, war doch alles da, was für die industrielle Eisenherstellung benötigt wurde. Bergwerke am nordpfälzischen Donnersberg lieferten die Erze, die riesigen Wälder ringsherum deckten den großen Bedarf an Holzkohle, die Moosalbe versorgte die Produktionsanlagen zuverlässig mit Wasser.

Dazu fand man in den armen Waldbauern willige und billige Arbeitskräfte. Zügig wurden ein Blechwalzwerk und die drei Hammerwerke Unter-, Mittel- und Oberhammer errichtet. Mitte des 19. Jahrhunderts, als sich die Dampfkraft und neue Verfahrenstechniken durchsetzten, begann der Niedergang der auf Wasser und Holzkohle basierenden Eisenproduktion, 1885 wurde der Betrieb eingestellt.

Ein Pfad mit vielen Brückchen führt durch die Karlstalklamm. Industriehistorisch interessant: der Unterhammer mit einem Herrenhaus, das heute zu Kaffee und Kuchen einlädt, und einem Wohngebäude für die Eisenarbeiter.

Ausgangspunkt der Rundwanderung ist das Naturfreundehaus Finsterbrunnertal, eine traditionsreiche Sommerfrische mit deftiger Küche und schönen Sitzplätzen draußen. Als Wegzeichen dient das grün-weiße Logo des Pfälzer Waldsteigs. Erste Station ist der Unterhammer, ein Gebäudeensemble, das ein Uhrenhaus, ein Eisenmagazin, Werkswohnungen und das Herrenhaus umfasste. Heute befindet sich hier ein medizinisch-psychologisches Zentrum mit einem einladenden Café. Eine Viertelstunde später ist der Mittelhammer erreicht, wo man neben ehemaligen Werks-

Hin & weg: Bahnhof Kaiserslautern, Buslinie 160 nach Schopp (Abzw. Karlstal), 2 km Fußweg zum Start am Naturfreundehaus Finsterbrunnertal. Oder dort direkt das Auto abstellen.

Dauer & Strecke: 3 Std. Gehzeit, 10 km.

Beste Zeit: Ganzjährig.

Ausrüstung: Leichte Wanderschuhe.

wohnungen in der Klug'schen Mühle (www.klugsche-muehle.de) vespern kann.

Nur wenige Minuten sind es jetzt noch bis zur Karlstalschlucht, die einst Teil eines großen Landschaftsparks des Trippstadter Schlosses war. Zwischen moosigen Blockhalden windet sich die Moosalbe durch den feuchten Schluchtwald – der richtige Platz, um der Sommerhitze zu entfliehen und die Beine ins kühle Wasser baumeln zu lassen.

Am Oberhammer ist das Ende der Klamm erreicht und es geht rechtsherum mit dem roten Logo der Mountainbike-Route Nr. 3 auf den Rückweg. Mit Tiefblick ins Karlstal, dann durch dichte Wälder läuft man oberhalb des Talgrundes bis zur Abzweigung eines Naturfreundewegs, der durch die Märchenlandschaft des Finsterbrunner Tals zum Ausgangspunkt führt. Wer könnte jetzt einem herzhaften Imbiss und einem gemütlichen Plausch im Naturfreundehaus widerstehen (www.naturfreundehaus-finsterbrunnertal.de)?

Tipp: Zur Abrundung des Tages kann man noch einen Blick ins Eisenhütten-Museum in Trippstadt (www.trippstadt.de) werfen. Oder man bucht in der Touristinformation eine Führung durch den fast 300 Meter langen historischen Trippstadter Brunnenstollen.

FAZIT: EIN FREUNDLICHES WIESENTAL, EINE ROMANTISCHE KLAMM, TIEFE WÄLDER UND REICHLICH GELEGENHEIT ZUR EINKEHR – WAS WILL MAN MEHR?

ÜBER STOCK UND STEIN

... im Mountainbikepark Pfälzerwald

Knackige Uphills, anspruchsvolle Querungen, rasante Downhills ... die fein gegliederte Mittelgebirgslandschaft des Pfälzerwaldes mit ihrem engmaschigen Wegenetz bietet optimale Voraussetzungen für Mountainbiking. Hier als kleiner Appetithappen eine Tour vom Rebland bei Bad Bergzabern zur Burgruine Lindelbrunn im Herzen des Wasgaus.

#Wadentraining #Mountainbikepark #Singletrails #Lindelbrunn

Der sagenumwobene Wasgau – durch eine Fensterhöhlung der Burgruine Lindelbrunn betrachtet.

Satte 900 Kilometer MTB-Trails umfasst der Mountainbikepark Pfälzerwald, der sich die natürlichen Gegebenheiten des Naturparks Pfälzerwald geschickt zunutze macht. 20 ausgeschilderte Touren erschließen verträumte und verschlungene Pfade, steile Anstiege und technisch anspruchsvolle Abfahrten in der Wald- und Buntsandsteinlandschaft des zentralen und südlichen Pfälzerwaldes. Auch Anfänger finden hier ihr Terrain: Wie bei Skipisten gibt es drei Schwierigkeitsgrade mit eindeutiger Beschilderung – Blau für MTB-Neulinge, Rot für sportliche Biker und Schwarz für ganz Wilde.

Die meisten Startpunkte der Routen sind direkt per Bahn erreichbar, an den Bahnhöfen informiert eine Portaltafel über alle Touren. So auch in Bad Bergzabern, wo diese mittelschwere Tour beginnt. Sie wird auf den Streckenplänen des Mountainbikeparks als »Tour 9 Bad Bergzabern-Nord« geführt. Nur ein kleiner Teil verläuft auf Asphalt, der Löwenanteil entfällt auf sandige Forstwege und Waldpfade mit acht Singletrails – ein ausgesprochen naturnahes Erlebnis also. Die Anstiege gelten als eher moderat, der steilste liegt im letzten Drittel der Tour und führt zur Silzer Linde an der Westflanke des Abtskopfes.

Noch eine ausgiebige Rast auf der Burgmauer – dann aber wieder weiter zu schattigen Singletrails, wie sie ein gestandener Mountainbiker liebt!

Landschaftliche Glanzlichter sind die Burgruine Lindelbrunn, die als kurzer Abstecher ein Muss ist, eine Felsendurchfahrt auf dem Vogelskopf, der Kellerfels und – ebenfalls als Abstecher – der Schweinsfels, auf dessen Aussichtsplattform eine gewagte Leiter hinaufführt. Wichtige Orientierungspunkte in den abgelegenen Waldpassagen sind die Wegspinnen Drei Eichen, Birkenhördter Linde und Silzer Linde. Für das kulinarische Erlebnis zuständig ist das wunderschön auf einer Anhöhe gelegene Cramerhaus Lindelbrunn (www.cramerhaus.de) auf genau der Hälfte der Strecke. Aber auch in den Dörfchen Böllenborn, Vorderweidenthal und Blankenborn sollte man etwas Leckeres finden.

Tipp: Detailliertere Informationen zum Mountainbikepark, Übernachtungstipps, Streckenpläne zum Downloaden und Aktuelles gibt es unter www.mountainbikepark-pfaelzerwald.de.

FAZIT: SPORTLICHES AUF UND AB DURCH WIESEN UND AUF WALDPFADEN. AUCH ANFÄNGER FINDEN IHR TERRAIN.

Hin & weg: Bahnhof Bad Bergzabern.

Dauer: 3 Std., 41 km, 1123 hm.

Beste Zeit: Ganzjährig je nach Verhältnissen.

Ausrüstung: Mountainbike, Helm, Wetterkleidung, Radlerproviant und Reparaturset.

REBEN UND BURGEN

... hinauf zu Trifels, Anebos und Münz

Der dramatische Übergang von der Rheinebene zu den Wasgaugipfeln, erlesene Aussichtspunkte und dann die stolz auf Kegelbergen thronenden Annweilerer Burgen – diese Tour ist mit ihren starken Kontrasten ganz dazu geeignet, süchtig nach der Pfalz zu machen.

#Weinstraße #Duddefliecher #MaxSlevogt #Barbarossa #AnnweilererBurgentrio

Mit Weinbergen und Weindorfbummel beginnt diese Eskapade, bevor es hinaufgeht zu den Gipfeln und Burgen des Trifelslandes.

Den Auftakt bildet das Winzerdorf Birkweiler mit seinen malerischen Gassen und seiner mediterranen Vegetation. Man hält auf die Berge zu, gelangt zu einem Wanderparkplatz und lässt sich dann vom Pfälzer Keschdeweg (Eskapade #48) an den Weinlagen Kastanienbusch und Mandelberg entlangführen. Mit Blick auf Ranschbach, das in den 1980er-Jahren durch eine angebliche Wunderheilquelle Aufsehen erregte, geht es hinauf in die Waldregion und zur Wegspinne Zollstock.

Hier wendet man sich nach links, kommt so zum Wegedreieck Hexentanzplatz und nimmt dort einen steilen Pfad auf den Föhrlenberg (Eskapade #35). Bei gutem Wetter schrauben sich hier Gleitschirmflieger in den Himmel – der Gipfel ist einer von fünf offiziellen Startplätzen rund um Annweiler. Nicht Paraglider, sondern »Duddefliecher«, hochdeutsch »Tütenflieger«, nennen sich die Gleitschirmpiloten übrigens hier.

Beim Gang über das Gipfelplateau kreuzt man einen Rundweg, der dem großen impressionistischen Maler Max Slevogt gewidmet ist. Er lebte bis zu seinem Tode auf dem nahen Gut Neukastel, dem heutigen Slevogthof, und liebte es, Landschaftsmotive nicht wie seine Zeitgenossen im Atelier, sondern direkt in der freien Natur auszugestalten. Ihm zu Ehren wurde auch der Föhrlenbergfels am West-

Hoch über Annweiler mit seiner Fachwerkaltstadt ragen die Kegelberge mit dem berühmten Burgentrio Trifels, Anebos und Münz empor, dahinter der Hohenberg.

hang des Bergs in Slevogtfels umbenannt. Dort hat man das Annweilerer Burgentrio und dazu die stolze Pyramide des Rehbergs direkt vor Augen. Unten am Wanderparkplatz Ahlmühle an der Trifelsstraße beginnt die Drei-Burgen-Passage. Zehn Minuten sind es bis zur Burgruine Scharfenberg, die der Reichsfeste Trifels als Münzstätte diente und deshalb auch den Namen Münz trägt. An den schaurig-schönen Kletterwänden von Münzfels und Jungturm vorbei geht es weiter zur Ruine Anebos. Von ihr zeugen zwar nur spärliche Reste, dafür bietet sie einen vortrefflichen Blick auf den Trifels. Gut, dass man vor dem finalen Aufstieg jetzt noch seinen Hunger in der Gaststätte Barbarossa stillen kann (www.barbarossa-trifels.de)!

Hin & weg: Start am Bahnhof Siebeldingen, Ziel ist Annweiler, Rückkehr mit dem Zug.

Dauer & Strecke: 4 Std. Gehzeit, 15 km, 570 hm.

Beste Zeit: Mitte April–November, besonders schön im Herbst.

Ausrüstung: Wanderschuhe, wetterfeste Kleidung, Wanderkarte 1:25 000, Proviantrucksack.

Die auf einem mächtigen Felsen thronende Burg Trifels ist vollständig, aber nicht originalgetreu restauriert. Von den Saliern errichtet und von den Staufern zur Reichsburg ausgebaut, war sie Schatzkammer des Heiligen Römischen Reiches Deutscher Nation und Aufbewahrungsort der Reichskleinodien – Kaiserkrone, Reichskreuz und Schwert als höchste weltliche Symbole. Sie gilt als Lieb-

Von der Weinlage Kastanienbusch bei Birkweiler aus sieht man schon den Föhrlenberg, zu dem ein fast einstündiger strammer Anstieg hinaufführt. Der Fernblick über die Rheinebene wird die Anstrengung lohnen!

lingsburg des Kaisers Barbarossa; Richard Löwenherz soll hier Gefangener gewesen sein. Durch dichte Buchenwälder geht es dann zügig hinunter nach Annweiler, wo einmal in der Stunde der Zug nach Siebeldingen hält.

FAZIT: DER IDEALE EINSTIEG IN DIE WELT DER WEINBERGE UND BURGEN. ACHTUNG, KANN SÜCHTIG MACHEN!

GEGEN DEN STRICH

… Schneewanderung zur Madenburg

Weithin sichtbar thront die Madenburg auf einem steil über den Weinbergen aufragenden Kamm. Wie auf sonst keiner anderen Burg sieht man hier sowohl über den Rheingraben hinweg zu Odenwald und Schwarzwald als auch in der Gegenrichtung weit in den Wasgau hinein. Eines der zehn schönsten Ausflugsziele der Pfalz!

#knirschenderSchnee #Flammkuchen #CramerPfad #Ausblicke

Am Südhang des selten besuchten Schletterbergs liegt ein traumhafter Aussichtspunkt.

Wer das Besondere sucht, tut allerdings gut daran, den Besuch der Madenburg gegen den Strich zu bürsten: Er geht nicht in der Wandersaison hinauf, sondern gezielt im Winter. Dann kann er bei guten Verhältnissen einen wunderbaren Schneetag genießen – hoch oben knirscht es noch unter den Füßen, wenn in den Tälern bereits der Matsch spritzt.

Ausgangspunkt ist der Wanderparkplatz Windhof an einer Verzweigung der Trifels-Höhenstraße. Mit der Markierung gelber Balken geht es kurz südwärts. Den bald angezeigten traditionsreichen Cramer-Pfad kann man sich für den Rückweg aufheben, da sein sanfter Verlauf für volle Mägen prädestiniert ist. Ergiebiger ist es, stattdessen immer linkshaltend kontinuierlich durch die steile Nordflanke des Wetterbergs zur Wegspinne Tisch aufzusteigen.

Dort geht es geradeaus weiter und am Südhang des Schletterbergs zu einem Aussichtspunkt, den man ausnahmsweise mal als Geheimtipp bezeichnen darf. In der Ferne blickt man zu den elsässischen Nordvogesen, in der Nähe dominiert die Annweilerer Gipfel- und Burgenszenerie, ganz vorn ragen der Große und der Kleine Hahnstein aus dem Wäldermeer empor.

Am Madenburg-Parkplatz, zu dem von Eschbach ein Sträßchen hinaufführt, prägt man sich den Beginn des Cramer-Pfads ein und nimmt dann am besten den Weg auf der Südseite des Rothenbergs zur Burg. Der kurze Zugang, der einzigartige Fernblick und die Burgschänke (www.madenburg-pfalz.de) – urgemütlich und mit einem ausnehmend köstlichen Flammkuchen – sorgen dafür, dass auch im Winter viel Publikum hier herauffindet.

Und die Burganlage selbst? Vermutlich im 11. Jahrhundert erbaut, wurde sie lange Zeit als »Parthenopolis« bezeichnet, eine Kombination der griechischen Begriffe für Jungfrauengemach und Burg oder Stadt. Wie ein mittelalterliches Who's who lesen sich die wechselnden Besitzer: das Deutsche Reich, die Grafen von Leiningen, die Rittergeschlechter der Sickinger und Fleckensteiner, später die Bischöfe von Speyer. Im Bauernkrieg wurde die Madenburg gebrandschatzt und im Katastrophenjahr 1689 von französischen Truppen endgültig zerstört – wie es sich für eine ordentliche pfälzische Burg eben gehört.

Die aussichtsreichen Freisitzplätze auf der Madenburg wird man sich für den Sommer vormerken, jetzt im Hochwinter ist die gute Stube in der gemütlichen Burgschänke doch verlockender.

FAZIT: STILLE SCHNEEWANDERUNG ZU EINER DER SCHÖNSTEN PFÄLZISCHEN BURGRUINEN – BURGSCHÄNKE UND GRANDIOSER FERNBLICK INKLUSIVE.

Hin & weg: Wanderparkplatz Windhof an der von Annweiler zum Trifels führenden Höhenstraße (an einer Straßengabelung 2 km hinter der Asselstein-Klettererhütte).

Dauer: 2,5 Std. Gehzeit, 9 km.

Beste Zeit: Ganzjährig, als Schneetour Januar–Februar.

Ausrüstung: Schneetaugliche Wanderschuhe, wetterfeste Kleidung, eventuell Wanderstöcke, heißen Tee, Karte 1:25 000.

EINKEHR-SCHWÜNGE

... Drei-Hütten-Schorletour bei Ramberg

#42

Zur Burgruine Neu-Scharfeneck und auf den Teufelsberg führt diese winterliche Eskapade. Gleich drei Hütten des Pfälzerwald-Vereins liegen am Weg – eine gute Gelegenheit, den Geheimnissen des Pfälzer Schoppens und der Pfälzerwald-Weinschorle auf den Grund zu gehen.

#Wintertraum #zurBurgruine #Handkees #Weinschorle #TrollSchoppen

Ob in der Landauer Hütte oder in der Trifelsblickhütte – bei winterlicher Kälte lechzt der Körper nach einfacher, aber kräftigender Kost.

An kalten Winterwochenenden zu Hause bleiben und am heimeligen Öfchen sitzen – einfach schön. Noch schöner allerdings, wenn man zuvor eine knackige Winterwanderung gemacht hat. Wie geschaffen dafür ist das Tourengebiet bei Ramberg. Hier findet man aussichtsreiche Höhenwege und die zum Aufwärmen nötigen Hütten. Als Startpunkt eignet sich der Wanderparkplatz Drei Buchen, der am Wochenende zu den trubeligeren Plätzen der Pfalz zählt, doch das »verläuft sich« schnell.

Das Wetterkreuz auf dem Teufelsberg sollte wohl einst den gehörnten Gesellen bannen. Eine der beeindruckendsten pfälzischen Burganlagen ist die Ruine Neu-Scharfeneck.

Ein erster Höhenweg führt an der Westflanke des Roßbergs entlang zur gewaltigen Burgruine Neu-Scharfeneck. Die im 13. Jahrhundert errichtete Anlage diente zunächst dem Schutz der Reichsfeste Trifels, wurde nach der Zerstörung im Bauernkrieg in Fronarbeit zu einem Schloss ausgebaut und im Dreißigjährigen Krieg von schwedischen Truppen endgültig zerstört. Zu neuerlicher Bekanntheit kam die Burg, als sie einem »Tatort«-Krimi als Drehort diente.

Keine zehn Minuten dauert der Abstieg zur gemütlichen Landauer Hütte (www.pwv-landau.de), eine knappe Stunde weiter kommt schon die nächste in Sicht, die spektakulär gelegene Trifelsblickhütte (www.pwv-gleisweiler.de). Sie glänzt mit einem aufregenden Fernblick, an ganz klaren Tagen sieht man sogar den Turm des Straßburger Münsters.

Für den Rückweg ist unbedingt ein Bogen über das Wetterkreuz auf dem Teufelsberg zu empfehlen. Dazu von der Hütte einige Meter zurück und den Schildern zu dem 600 Me-

ter hohen Gipfel folgen. Von so hoch droben schaut man selten hinunter in die Rheinebene! Jetzt ist Konzentration gefordert, der Abstieg ist nicht beschildert. Ein Pfad zieht über den Bergkamm nach Norden. Er trifft auf einen Forstweg, dem man kurz nach rechts folgt und dann zweimal nach links abzweigt. Vom Knotenpunkt Dreimärker ist es noch eine halbe Stunde zum Wanderparkplatz Drei Buchen und dem gleichnamigen Waldhaus (www.dreibuchen-ramberg.de).

Unterwegs Erkenntnisse zu Schoppen und Schorle gewonnen? Etwa, dass die Pfälzerwaldschorle aus drei oder besser vier Teilen Wein und einem Teil Mineralwasser besteht? Dass es dafür ursprünglich ökonomische Gründe gab – den Wein hatten die Winzer sowieso, den Sprudel mussten sie kaufen? Dass traditionell aus Halb-Liter-»Dubbegläsern« getrunken wird, die am Tisch herumgereicht werden? Oder dass das allerletzte Glas »Troll-Schoppen« genannt wird, da man sich anschließend davontrollt?

FAZIT: AUCH IM WINTER SCHÖN: BURGENGUCKEN, WADENTRAINING UND ZUM AUFWÄRMEN GEMÜTLICHER HÜTTENZAUBER MIT SCHORLE-FORTBILDUNG.

Hin & weg: Wanderparkplatz Drei Buchen auf der Ramberger Passhöhe, von der B 10 nach Ramberg und 2 km bergauf Richtung Weyher/Burrweiler.

Dauer & Strecke: 3-4 Std. Gehzeit, 13 km.

Beste Zeit: Ganzjährig, als Schneetour Januar–Februar.

Ausrüstung: Schneetaugliche Wanderschuhe, wetterfeste Kleidung, heißer Tee, Wanderkarte 1:25 000.

---

3. KAPITEL MINIURLAUB

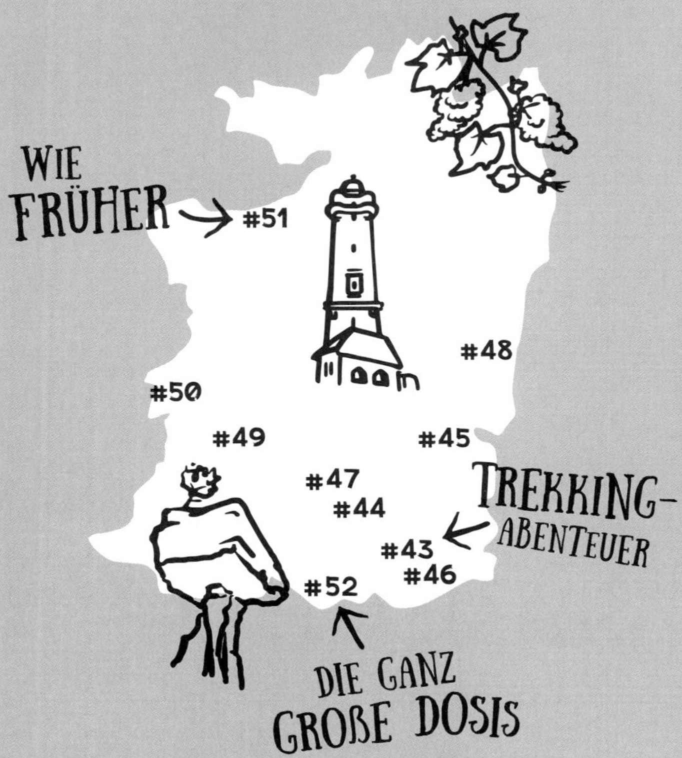

Ferien für ein Wochenende

Erlebnisreiche Tage zwischen Burgen, Felsen, Wald, Wein und Woogen. Mit oder ohne Rucksack, komfortabel im Hotelbett oder zünftig im Schlafsack.

36H

ALLEIN MIT FUCHS UND REH

… Trekking von Bad Bergzabern nach Dahn

#43

Trekking in einem deutschen Mittelgebirge? Aber ja doch! Sieben offizielle Trekkingcamps gibt es im südlichen Pfälzerwald, mit Feuerstelle, Bio-Toilette und Platz für mindestens vier Zelte. Was braucht der Trekker mehr?

#SchlafenimZelt #Wildnis #BadimWeiher #Burgen #Aussichtsberge

Die genaue Lage der Trekkingplätze erhält man bei der Buchung als GPS-Koordinaten und auf einem Infoblatt. Die Eskapade verbindet zwei dieser Plätze auf einer Tour de Force quer durch den Wasgau, mit mehreren Gipfeln, einem Aussichtsturm, einem Badeweiher im Wald, zwei Burgen und einer Kette von Panoramafelsen.

Für den Aufbruch reicht der frühe Nachmittag – etwa drei Stunden braucht man von Bad Bergzabern bis zum ersten Nachtlager. Zunächst geht es durch die Weinlage Metzenbühl nach Dörrenbach, einem bildhübschen Dörfchen abseits des Durchgangsverkehrs. Dort findet man die Orientierungshilfe für den Rest des Tages, das Logo des Kapellen-Pilgerweges. Beim Aufstieg zur Kolmerkapelle kann man sich auf einem Kreuzweg rasch seiner Sünden entledigen. Dann kommen die irdischen Genüsse, der Stäffelsbergturm mit seinem 360-Grad-Panorama und die Ruine Guttenberg, eine typische Wasgau-Felsenburg. Eine Viertelstunde entfernt liegt der Trekkingplatz 1 mitten in der Wildnis und völlig ohne Verkehrsgeräusche.

Der zweite Tag beginnt mit der Überschreitung der Hohen Derst, einem im Zweiten Weltkrieg hart umkämpften Bergmassiv. Vorher lohnt sich ein Abstecher zu einer skurrilen Felsgestalt, dem Steinernen Tisch. Über den kleinen Weiler Reisdorf geht es dann zum Aussichtsgipfel Hirzeck, vorbei am leider nur sonntags geöffneten Hirzeckhaus und zum Badeweiher Seehof – ganz zivilisiert mit Liegewiese und Ki-

Beim Zelttrekking muss die Ausrüstung schon stimmen, auch wenn wie auf Burg Berwartstein zwischendurch mal die Zivilisation erreicht ist. Urig wird's beim Gang zum stillen Örtchen ...

osk. Unbedingt zu empfehlen ist jetzt ein Abstecher zum Berwartstein, der einzigen dauerhaft bewohnten Burg des Pfälzerwaldes (www.burgberwartstein.de). Dann noch eine Stunde Talschlenderei zum Dörfchen Lauterschwan und weiter Richtung Lindelbrunn, ein kurzer Aufstieg und der Trekkingplatz 2 ist erreicht.

Am nächsten Morgen kann man sich auf eine wahre Königsetappe freuen. Über Oberschlettenbach läuft man zur Bühlhofschänke (www.buehlhof.de), mit Blau-Gelb nach Süden und dann hinauf auf den Buhlstein. Atemberaubend der schwindelerregende Tiefblick von der gesicherten Aussichtskanzel auf dem 55 Meter hohen Buhlsteinpfeiler, ebenso atemberaubend das 270-Grad-Wasgau-Panorama! Vom Buhlsteinkamm mit seinen prachtvollen Felsenzügen zieht das Rucksackgewicht den Trekker hinunter an den Ortsrand von Busenberg, wo man am Kelterhaus Anschluss an den Busenberger Holzschuhpfad findet. Der führt in einem wahren Fernblick-Stakkato über Eichelberg-, Eilöchel- und Sprinzelfels ins Scharbachtälchen. Ein Fahrradweg nach Bruchweiler-Bärenbach schließt das Trekkingabenteuer ab.

FAZIT: SUCHTGEFAHR! WER EINMAL DAS TREKKING FÜR SICH ENTDECKT HAT, WIRD GARANTIERT WIEDERKOMMEN!

Hin & weg: Bahnhof Bad Bergzabern, 10 Min. Fußweg zum Startpunkt Kurpark, Ziel ist Bruchweiler, zurück mit der Buslinie 252 oder dem Nostalgie-Triebwagen (www.wieslauterbahn.info) über Umsteigebahnhof Hinterweidenthal.

Dauer & Strecke: 2,5 Tage, 10–12 Std. Gehzeit (3 Std. am ersten, 4–5 am zweiten und 4–5 am dritten Tag), 42 km, 1250 hm.

Beste Zeit: April–Oktober (das ist die offizielle Öffnungszeit der Trekkingplätze).

Ausrüstung: Wanderschuhe, wetterfeste Kleidung, Zelt, Schlafsack, Isomatte, Wanderkarte 1:25 000 Proviant und Kochgeschirr, Badesachen.

Wenn es Nacht wird: Trekkingplätze mitten im Wald, vorab zu buchen (www.trekking-pfalz.de).

MYTHEN UND LEGENDEN

... auf dem Felsenland Sagenweg

#44 *Eine Wanderung begleitet von Burgfräuleins, Gespenstern, Hexen und Riesen – der Felsenland Sagenweg macht es möglich. Er verbindet auf traumhaften Wegen mehr als zwei Dutzend Schauplätze oft recht gruseliger Sagen, Mythen und Legenden.*

 #sagenumwoben #Elwetritsch #schönsterWanderweg #Drachenfels #DahnerFelsenland

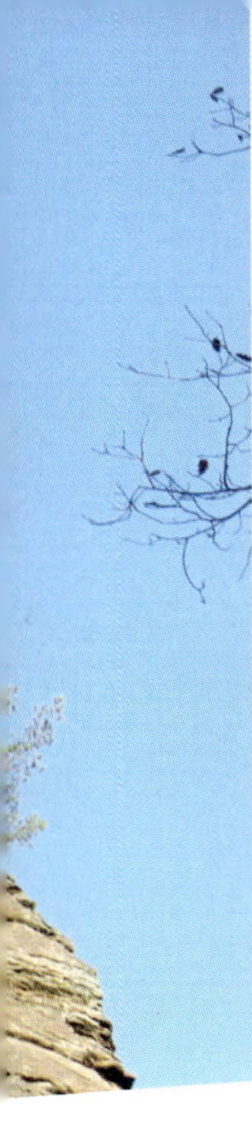

Der Hochstein bildet den Auftakt dieser spannenden Eskapade. Auf dem Buhlsteinkamm findet man die richtigen Felsen für eine trockene Biwaknacht.

Der 95 Kilometer lange Weg, 2013 als schönster Wanderweg Deutschlands ausgezeichnet, verzaubert nicht nur durch seine vielen Höhepunkte – Burgen, Aussichtsbalkone und Felsen –, sondern auch durch einen abwechslungsreichen Mix aus märchenhaftem Wald, offenem Gelände und stillen Talauen.

Diese Eskapade nimmt sich ein Teilstück zwischen Dahn und Bundenthal für einen Wochenendausflug vor. Ein Tipp vorab: Bei der Touristinfo des Dahner Felsenlands in Dahn (www.dahner-felsenland.de) gibt es für unterwegs eine Broschüre oder CD mit allen Sagen, deren Schauplätze am Weg liegen: eine baumdicke Schlange mit einer goldenen Krone, ein schwarzes Männlein, das nächtens einen Ziegenbock reitet, ein Burgfräulein, das sich kopfüber in die Flammen stürzt, sieben betrunkene Festbesucher, die einen alten Mann verspotten und zur Strafe in Stein verwandelt werden …

Zur Einstimmung schaut man sich am Haus des Gastes im Dahner Kurpark einige Exemplare der Elwetritsch an, dem skurrilen Pfälzer Fabelwesen. Dann geht es hinauf zum Hochstein, einem der berühmtesten Kletterfelsen

Für die Besichtigung der Dahner Burg kann man getrost eine Stunde einplanen. So sieht sie also aus: die Elwetritsch, das Fabelwesen der Pfalz.

der Pfalz (Eskapade #4)! Nur eine halbe Stunde entfernt liegt die Burgruine Altdahn, eine aus drei Teilburgen bestehende Anlage mit einem kleinen Museum und einer Schänke.

Ein gewundener Pfad mit vielen Aussichtspunkten führt über Erfweiler und Schindhard zum Nachtquartier in Busenberg. Richtig zünftig wäre allerdings – als Abstecher vom Sagenweg – ein Felsenbiwak auf dem Buhlsteinkamm. Und dann den Sonnenaufgang auf dem Buhlsteinpfeiler erleben!

Am zweiten Tag inspiziert man die Zwiebelkirche von Busenberg, die an pfälzisch-bayerische Zeiten erinnert, streunt durch freundliche Streuobstwiesen, schaut sich in aller Ruhe die bizarre Burgruine Drachenfels an (Eskapade #10) und gönnt sich dann in der

Stolze 200 Meter lang ist die auf freistehenden Felsen erbaute Dahner Burg, die aus den drei Teilburgen (von links) Tanstein, Grafendahn und Altdahn besteht.

benachbarten Hütte des Pfälzerwald-Vereins ein zweites Frühstück (www.pwv-busenberg.de). Wanderern mit viel Kondition ist auf dem Weg nach Erlenbach eine Variante über den Heidenberg mit Buchkammer- und Schlüsselfels zu empfehlen. Dort löst einmal nicht eine Sage die wohligen Schauer aus, sondern der Tiefblick vom ungesicherten Fels.

Über Erlenbach thront die Burg Berwartstein (Eskapade #47), wo man sich nach einer Führung erst einmal im Rittersaal stärken kann (www.burgberwartstein.de). Den abschließenden Höhepunkt bilden die Fladensteine vor Bundenthal. Tatsächlich: sieben steingewordene Betrunkene!

FAZIT: ZU DEN SCHAUPLÄTZEN GEHEIMNISVOLLER SAGEN – EINE PERFEKTE EINFÜHRUNG INS DAHNER FELSENLAND.

Hin & weg: Bahnhof Hinterweidenthal, Buslinie 252 nach Dahn, Haltestelle Süd, Start am Haus des Gastes, Ziel ist Bundenthal, mit der Buslinie 252 oder dem Nostalgie-Triebwagen (www.wieslauterbahn.info) zurück.

Dauer & Strecke: 2 Tage, 7–8 Std. Gehzeit, 29 km, 723 hm.

Beste Zeit: Ganzjährig, nicht bei Schnee und Eis.

Ausrüstung: Wanderschuhe, wetterfeste Kleidung, Proviant und alles, was man für eine Hotelübernachtung oder ein Biwak braucht.

Wenn es Nacht wird: Pension Tannenhof in Busenberg (www.hotelpension-tannenhof.de), als Ausweichquartier Gaststätte Zum Berwartstein in Erlenbach oder ganz zünftig unter dem Felsen auf dem Buhlsteinkamm biwakieren.

TYPSACHE

… mit dem Rad von Weindorf zu Weindorf

Als 65 Kilometer langes und mehrere Kilometer breites Band ziehen sich die Rebenhänge an der Deutschen Weinstraße entlang. Die anmutige Landschaft mit ihren schönen Dörfern fordert manche Zeitgenossen zu einem Vergleich mit der Toskana heraus. Aber doch bitte so herum: »Die Toskana ist die Pfalz Italiens«!

#Wadentraining #Weinberge #Winzerhöfe #GenießenundErleben

Ganz im Zeichen des Weins steht diese Rad-Eskapade, auf der genüsslich Rebenhügel und Winzerdörfer durchstreift werden. Dazu gehört natürlich dann und wann die Einkehr in eine der vielen Weinstuben.

Diese zwei- oder dreitägige Eskapade knöpft sich den südlichen Teil der Radroute vor, die sich auf echten Radwegen und autofreien Winzerwegen durch die Weinberge windet; Straßenkontakt gibt es nur in den Ortschaften. Wer von Süd nach Nord fährt, beginnt am Weintor in Schweigen – dorthin kommt man in zehn Minuten vom Bahnhof im elsässischen Wissembourg. Je nach Typ wird man den Radweg Deutsche Weinstraße auf unterschiedliche Weise genießen: Der Weindorfsammler liebt die romantischen Ortskerne mit ihren malerischen Winzerhöfen und urigen Weinstuben. Das Radeln ist für ihn zunächst einmal Logistik. Zu Hause wird er stolz berichten, dass er jetzt die ganze Weinstraße kennt, hat er doch in zwei Tagen 20 Weinbaugemeinden abgeklappert.

Der In-der-Ruhe-liegt-die-Kraft-Typ erfreut sich an der vom mediterranen Klima begünstigten Vegetation, nutzt das harmonische Landschaftsbild als Seelenbalsam und wählt gezielt einzelne Weindörfer für einen geruhsamen Bummel aus. Dann und wann legt er eine Vesper auf einem der vielen schönen Rastplätze entlang der Route ein und genießt den Blick hinauf zu den Haardtbergen.

Der Erlebnissucher möchte in kurzer Zeit sogar noch mehr als der Weindorfsammler sehen. Wenn er schon mal da ist, begnügt er sich nicht mit dem Rebland – der Radweg Deutsche Weinstraße ist für ihn auch ein Sprungbrett zu Zielen in der angrenzenden Waldregion. Er ist gut genug trainiert, um die Anstiege zur Burg Landeck, zur Madenburg, Anna-Kapelle oder

Villa Ludwigshöhe (Eskapaden #26, #41, #17 und #15) aus eigener Kraft zu schaffen, oder lässt sich vom E-Bike hochtragen.

Der Lebensqualität-geht-durch-den-Magen-Typ verneigt sich im Stundentakt vor Lukullus und Bacchus. Er isst hier Dampfnudeln, dort ein Winzersteak – vielleicht geht auch noch ein Saumagen? Dazu probiert er Sylvaner, Muskateller, Burgunder und noch das eine oder andere Likörchen. Zwischendurch gibt er sich der Illusion hin, den Kalorienüberschuss auf dem Weg von Weinstube zu Weinstube leicht wegstrampeln zu können.

Der Bildungshungrige erfreut sich an dem Wissen, dass die Rebenlandschaft einem Einbruch der Erdkruste vor etwa 50 Jahrmillionen zu verdanken ist, der bis zu 500 Meter Höhenunterschied zwischen dem Rheingraben und den Bergketten über der Weinstraße entstehen ließ. Er gedenkt der Römer, die die Reben hierherbrachten, und besucht unterwegs Dorfmuseen, Kapellen und Weinlehrpfade.

Hin & weg: Bahnhof Wissembourg/Elsass, Ziel ist Siebeldingen oder Edenkoben, Rückkehr mit dem Zug.

Dauer & Strecke: Je nach Lust, Laune und Zeitbudget 2 oder 2,5 Tage, 48 km.

Beste Zeit: März–Oktober, besonders schön Mitte März–Mitte April zur Mandelblüte.

Ausrüstung: Tourenrad oder E-Bike und was man für Übernachtungen braucht.

Wenn es Nacht wird: Hotel Keysermühle (www.hotel-restaurant-stiftsgut-keysermuehle.de) in Klingenmünster, Hotel Leinsweiler Hof bei Leinsweiler (www.leinsweilerhof.de), St. Laurentiushof in Birkweiler (www.stlaurentiushof-birkweiler.de), Gutshof Ziegelhütte (www.gutshof-ziegelhuette.de) in Edenkoben.

FAZIT: DER RADWEG DEUTSCHE WEINSTRASSE BIETET FÜR JEDEN UND ALLE ETWAS – NUR DIE KILOMETERFRESSER UNTER DEN RADLERN SIND WOANDERS BESSER AUFGEHOBEN.

EINFACH LAUFEN LASSEN

… entspanntes Radwandern im Wieslautertal

»Rein« und »ungetrübt« – die Wieslauter hält sich an diese Bedeutungen des Wörtchens »lauter«. Von den Wassern des zentralen Pfälzerwaldes gespeist, durchquert das Flüsschen das Dahner Felsenland und strebt dann unter dem Namen Lauter dem Rhein entgegen.

#Faulenzen #ElsässerFlammkuchen #HansTrapp #Wissembourg

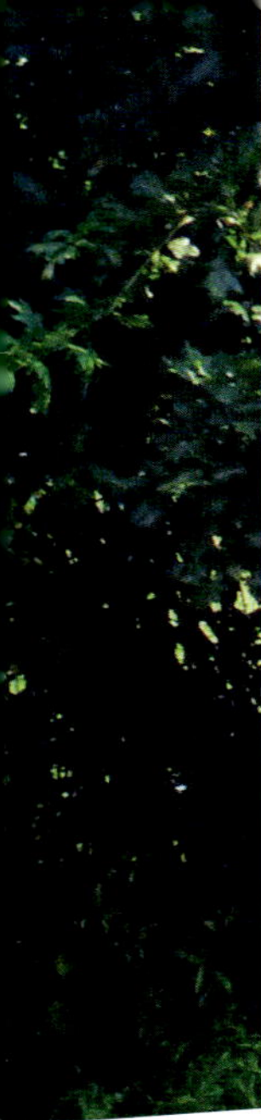

Weitgehend abseits der Landstraße verläuft der Lautertal-Radweg. Mit kleinen Abstechern lassen sich noch zusätzliche Höhepunkte wie die Dahner Burg einflechten.

Wenn es einen Wettbewerb unter den pfälzischen Radrouten gäbe, der Pamina-Radweg Lautertal würde wohl als Sieger hervorgehen. Er verläuft konsequent auf der straßenabgewandten Talseite und kann mit einer besonders abwechslungsreichen Landschaft und schmucken Dörfern punkten. Aus Radlersicht besonders erfreulich: der verschwindend geringe Straßenanteil. Aus Faulenzersicht: Es gibt keinerlei Anstiege – und das im bergigen Pfälzerwald. Nun gut, einen kleinen auf dem Rückweg.

Woher der südländisch klingende Name Pamina kommt? Ein Kunstwort, am grünen Tisch ersonnen, um die Kooperation der drei am Radweg beteiligten Regionen zu benennen: Pa steht für Palatinat, also Pfalz, mi für den Mittleren Oberrhein und na für Nord-Alsace. Weite Wiesen, sanft geschwungene Berghori-

Am Lautertal-Radweg ist an alles gedacht. Das bildhübsche elsässische Wissembourg begeistert mit einer gut erhaltenen Stadtmauer, historischen Gebäuden und einer verführerischen Gastronomie.

zonte und rostrote Felsen prägen das Landschaftsbild bis Bundenthal. Dann beginnt der stillste Teil des Radwegs, die Berghänge werden steiler und das Tal verengt sich zusehends, bevor es sich im elsässischen Weiler zur Rheinebene hin öffnet.

Das malerische Städtchen Wissembourg ist Höhepunkt und Umkehrpunkt zugleich. Für den historischen Ortskern mit der romanisch-gotischen Abteikirche Saints-Pierre-et-Paul, der gut erhaltenen Stadtmauer und dem französischen Straßenleben kann man getrost zwei Stunden einplanen. Und für einen Café au Lait oder einen Elsässer Flammkuchen wird die Zeit sicher auch noch reichen. So gemütlich ging es hier nicht immer zu: In einer Fehde mit dem Kloster Weißenburg ließ einst der Raubritter Hans Trapp von der Burg Berwartstein die Wieslauter aufstauen, um dem stromabwärts gelegenen Städtchen zunächst das Wasser zu entziehen und dann den Damm einzureißen und für eine zerstörerische Überschwemmung zu sorgen. Noch heute droht man hier Kindern mit dem Satz »Wann de ned parierschd, hol ich de Hans Trapp«.

Die Rückfahrt wird manche Überraschung bergen. Denn jetzt, da man das Wieslautertal etwas kennt, wird man die Aufmerksamkeit vermehrt den kleineren Dingen widmen, wie zum Beispiel den Schafen auf den satten Talwiesen. Wie anders vieles doch in der Gegenrichtung aussieht! Und man kann immer noch Abstecher machen. Ganz nah am Radweg liegen die Dahner Burgruinen, der Teufelstisch und die Felskolosse Lämmerfelsen, Jungfernsprung und Hochstein.

Direkt neben den ersten Häusern von Dahn liegt der Schillerfelsen, mit seinem Durchbruch eines der markantesten Felsenwunder im Wieslautertal.

FAZIT: AUF EINEM BEQUEMEN RADWEG DURCHS DAHNER FELSENLAND, DAZU EINE PRISE FRANKREICH!

Hin & weg: Bahnhof Hinterweidenthal (nicht Hinterweidenthal-Ost!).

Dauer & Strecke: 2 Tage, 2–3 Std. reine Fahrzeit pro Tag, 65 km hin und zurück.

Beste Zeit: Mai–Oktober.

Ausrüstung: Tourenrad oder E-Bike und alles, was man für eine Übernachtung braucht.

Wenn es Nacht wird: Unterkunft im Eisenbahnwaggon (!) (www.ferienbahnhof-reichenbach.de) in Dahn-Reichenbach, im Landgasthaus zur Krone in Bundenthal (www.landgasthauszurkrone.de) oder im Hotel-Restaurant Sankt Germanshof (www.restaurant-germanshof.de).

GUT GEPACKT IST HALB GEWONNEN

... Radtour im südlichen Pfälzerwald

#47

Den Fahrtwind spüren, die Landschaft nicht nur sehen, sondern auch riechen, einem knisternden Lagerfeuer und den nächtlichen Geräuschen lauschen – wer solche Erlebnisse mag, liegt mit einer Radwanderung inklusive Übernachtung im Zelt genau richtig. Wie geschaffen dafür sind die freundlichen Wiesentäler rund um Dahn.

#WindimGesicht #Campen #Badespaß #Wiesentäler #DahnerFelsenland

Die Eskapade ist auf zweieinhalb Tage angelegt; am Anreisetag kann man sich ruhig Zeit lassen, denn der direkte Weg zum Campingplatz bei Dahn nimmt nur eine gute Stunde in Anspruch.

Hin & weg: Bahnhof Hinterweidenthal.

Dauer & Strecke: 2,5 Tage, 5–6 Std. Fahrzeit, 70 km (10 km am ersten, 32 am zweiten und 28 am dritten Tag).

Beste Zeit: Mitte Mai–Mitte Oktober.

Ausrüstung: Tourenrad oder E-Bike, wetterfeste Kleidung, Proviant, Zelt, Isomatte, Schlafsack, Wanderkarte 1:25 000. Badesachen nicht vergessen!

Wenn es Nacht wird: Campingplatz Büttelwoog inmitten der Dahner Felsenkulisse (www.camping-buettelwoog.de) und Naturcampingplatz am Berwartstein beim Badeweiher Seehof (www.naturcampingplatz-berwartstein.de).

Abwechslung ist auf dieser Radtour garantiert: hübsche Dörfer wie Erfweiler, Badespaß wie am Seehofweiher – und dann und wann ein Schilderwald.

Man radelt überwiegend auf asphaltierten, aber straßenfernen Radwegen, dem Lautertal-, Sauertal- und Raubritter-Radweg. Lediglich zwischen Dahn und Fischbach, beim einzigen etwas ernsthafteren Anstieg, und zwischen Niederschlettenbach und Seehofweiher gibt es befestigte Forstwege. Gezeltet wird auf dem Campingplatz Büttelwoog, landschaftlich überaus reizvoll in einem weiten Felsenkessel gelegen, und mitten im Wald auf dem Naturcampingplatz am Berwartstein.

Ein Tipp für jene, die zum ersten Mal mit Rad und Zelt unterwegs sind: Der Spaß beginnt beim geschickten Packen – und hängt unterwegs nicht unwesentlich davon ab. Da soll nichts wackeln und schlackern! Also: Gepäckträgertaschen und Lenkertasche statt gewagtem Festzurren. Ideal ist auch eine abnehmbare Aufsatztasche, die als Rucksack für Per-pedes-Abstecher benutzt werden kann.

Versuchungen dazu gibt es in Hülle und Fülle. Am ersten Tag kann man zum Teufelstisch, zur Burgruine Neudahn oder zum Dahner Felsenkoloss Jungfernsprung aufsteigen; am Abend sollte man unbedingt direkt vom Campingplatz aus noch ein paar Schritte auf dem Dahner Felsenpfad laufen. Am zweiten Tag lockt – nur einen Katzensprung vom Campingplatz am Seehof entfernt – die Burg Berwartstein, am Abschlusstag liegen die Burgruinen Drachenfels und Altdahn am Weg.

Im Sommer kann noch eine Menge Badespaß dazukommen, die relativ kurzen Tagesetappen lassen genügend Spielraum. Man springt kurz in die Wieslauter oder geht ganz gediegen ins Felsland Badeparadies neben dem Campingplatz Büttelwoog. Oder man probiert die Badeweiher der Südwestpfalz aus, den Dorfweiher in Ludwigswinkel, den Seehof oder den Rohrwoog bei Hinterweidenthal.

Tipp: Wer größere Strecken auf dem Rad gewohnt ist, schafft die Runde vom Campingplatz Büttelwoog nach Hinterweidenthal auch an einem Tag. Aber will man das wirklich?

FAZIT: ERHOLUNG PUR! LOCKERE RADTOUR IN ABWECHSLUNGSREICHER LANDSCHAFT – MIT ALTEN BURGEN, FELSENKOLOSSEN UND SCHÖNEN WEIHERN.

EIN HOCH AUF DIE EDEL-KASTANIE!

... Zweitageswanderung auf dem »Pfälzer Keschdeweg«

#48

»Keschde«, beim Klang dieses Wortes läuft jedem Pfälzer das Wasser im Munde zusammen. Gäste von außerhalb lernen schnell, dass es sich dabei um Edel- oder Esskastanien handelt, die aus der pfälzischen Mythologie und Esskultur nicht wegzudenken sind.

 #Rebenlandschaft #Kastanien #Keschdesupp #HambacherFest #Haardtgebirge

Sankt Martin ist eines von sechs Weindörfern auf der sinnenfrohen Etappenwanderung, die im Wechsel durch Weinberge und Kastanienwälder führt.

Für einen Streifzug unter Kastanienbäumen gibt es den rund 60 Kilometer langen Keschdeweg, der zunächst durch den Pfälzerwald und dann entlang der Weinstraße zum Hambacher Schloss bei Neustadt führt. Die Eskapade nutzt die zweite Hälfte dieses Etappenwegs und verbindet die pittoresken Weindörfer am Rand des Haardtgebirges. Die Route verläuft mal durch Weinberge, mal durch Kastanienwald, dann wieder genau an

der Grenze zwischen Wald und Wein. Kleine Abweichungen von der Hauptroute des Keschdewegs steigern den Spaß.

Bis zur Sankt-Anna-Kapelle, einem exzellenten Aussichtspunkt (Eskapade #17), hält man

---

Hin & weg: Bahnhof Albersweiler, Ziel ist Neustadt an der Weinstraße. Zurück geht es mit dem Zug.

Dauer & Strecke: 2 Tage, 3–5 Std. Gehzeit pro Tag, je nach Unterkunft 24–30 km.

Beste Zeit: Besonders schön: Juni, wenn die Kastanienbäume blühen, Mitte September–Ende Oktober zur Zeit ihrer Ernte.

Ausrüstung: Leichte Wanderschuhe, Übernachtungsrucksack. Beutel für die Kastanien!

Wenn es Nacht wird: Hotels und Gästehäuser in Rhodt, Edenkoben oder St. Martin.

Im September und Oktober ächzen die Bäume unter der Last der stacheligen Kastanienfrüchte. Von der Villa Ludwigshöhe schaut man hinunter nach Edenkoben.

sich an das Logo des Wegs, eine Kastanie auf grünem Grund. Dann tut sich eine lohnende Alternative auf: hinab nach Burrweiler und weiter zur Burrweiler Mühle, wo man inmitten der Weinberge mit pfälzischen Köstlichkeiten verwöhnt wird (www.burrweilermuehle.de). Nach einem Dorfbummel durch Weyher gilt wieder die Normalroute. Die Rietania-Hütte bei Rhodt (www.rietania-rhodt.de) verführt abermals zum Einkehren, dann ist Kultur angesagt: Am Weg liegt die Villa Ludwigshöhe, ein vom Bayernkönig Ludwig I. als Sommerresidenz erbautes Schloss (Eskapade #15).

Der Weiterweg hängt nun ganz davon ab, wo man eine Unterkunft ergattert hat – in der Hauptsaison im Herbst wird's manchmal eng. Kommt man in St. Martin unter, geht es auf dem Keschdeweg mit dem Friedensdenkmal und der Kropsburg als Zwischenstationen weiter. Übernachtet man in Rhodt unter Rietburg oder in Edenkoben, verlässt man den Keschdeweg an der Ludwigshöhe.

Am nächsten Tag verläuft der Keschdeweg am Fuß des hohen Kalmitgipfels entlang zum Hambacher Schloss, dem Schauplatz des Hambacher Festes, das 1832 die Demokratisierung Deutschlands einläutete. Hier hat man die Qual der Wahl: eine Schlossbesichtigung und dann mit dem Bus nach Neustadt? Oder doch noch einmal die Wadenmuskeln fordern und hinauf zum schön gelegenen Hohe-Loog-Haus des Pfälzerwald-Vereins und mit dem roten Punkt hinunter nach Neustadt? Wieder zu Hause, kann man sich an einer »Keschdesupp« versuchen.

Keschdesupp

500 g geschälte Kastanien
900 ml Kalbsfond oder Gemüsebrühe
175 ml Sahne
Salz, Zucker, schwarzer Pfeffer

Die Kastanien in zwei Dritteln des Fonds mit einer Prise Salz etwa 35 Min. weich kochen, dann den restlichen Fond und die Sahne auffüllen. Alles mit dem Stabmixer pürieren, eventuell noch etwas Sahne oder Fond zugeben. Mit Salz, Zucker und Pfeffer abschmecken.

FAZIT: GENUSSREICHE ERKUNDUNG DER DEUTSCHEN WEINSTRAẞE ZU FUẞ – EIN MIX AUS KASTANIEN, WEIN, WALD UND KULTUR.

VON HÜTTE ZU HÜTTE

… in der Südwestpfalz

#49

Raus aus dem Alltag und für ein paar Tage mal ganz anders leben – Rucksackwanderer mit Kondition und Outdoor-Mentalität wissen, dass eine Hüttentour dafür genau das Richtige ist. Die Südwestpfalz hat die Hütten, die landschaftlichen Höhepunkte und die Ruhe, die es dafür braucht.

#einfachmalraus #ÜbernachteninHütten #DahnerFelsenland

Die meisten Hütten des Pfälzerwald-Vereins sind auf Tagesgäste eingerichtet, einige bieten jedoch auch Übernachtungsmöglichkeiten an. Zeitige Anmeldung ist Pflicht, der Übernachtungsservice wird meist nur geboten, wenn zwei Handvoll Gäste zusammenkommen. Warum also nicht gleich mit einer größeren Gruppe planen?

Der erste Tag beginnt mit einer spektakulären Runde um den Dahner Ortsteil Gerstel. Zunächst vertraut man sich dem Elwetritsche-

Vom Römerfels hat man den wohl spektakulärsten Blick auf die Burgruine Altdahn, dahinter identifizieren Gebietskenner den Heidenberg und den Bobenthaler Knopf.

weg an, der sich dem skurrilen Pfälzer Fabelwesen widmet. Er beginnt einen Steinwurf vom Bahnhof entfernt am Ortseingang von Dahn und führt über den Bubenfelsen zum Römerfels, der mit seiner gewagten Leiter und exponierten Aussichtsplattform ein dickes Ausrufezeichen setzt.

Auf dem Dahner Rundwanderweg geht es über urwüchsige Kammpfade zum Wahrzeichen des Felsenlands, dem mächtigen Felsenschiff des Jungfernsprungs. Danach gönnt man sich unten im Dorf ein Eis und schlendert dann Richtung Felsland Badeparadies (www.felsland-badeparadies.de). Lust auf Schwimmen oder Saunieren, bevor man sich am Campingplatz Büttelwoog vorbei zum Nachtquartier in der Dahner Hütte aufmacht?

Anderntags führt die Wanderung zunächst Richtung Lemberg. Durch das Naturschutzgebiet Moosbachtal geht es ins Salzbachtal und weiter zum Klosterbrünnchen, wo man an einem verträumten Schutzhüttchen rasten kann. Für mehr als eine Stunde gilt nun das blaue Logo des Graf-Heinrich-Wegs. Zwei Aussichtspunkte, ein Fernblickfelsen und ein abwechslungsreicher Bergkamm liegen auf dem Weg zum Ruppertsfelsen, einem früheren Spähposten der Burg Lemberg. Nun ein kurzes Stück zurück und mit dem grünen Dreieck zur zweiten Hüttenübernachtung im Waldhaus Starkenbrunnen.

Der letzte Tag steht ganz im Zeichen der Märchenwälder von Pirmasens. Der Premiumweg Felsenwaldtour (Eskapade #30) führt auf samtweichen Pfaden an vielen kleineren Sandsteinwundern vorbei zum Eisweiher vor den Toren der Schuhstadt. Hier lässt man sich von Spaziergängern oder Anglern den Weg zum PLUB erklären. Keine schlechte Idee, die Tour in diesem sympathischen Schwimmbad ausklingen zu lassen, bevor es per Bus zum Pirmasenser Bahnhof geht.

Tipp: Bei wenig Zeit am Anreisetag kann man in anderthalb Stunden zur Dahner Hütte laufen, indem man kurz den Wieslautertal-Radweg nordwärts und dann den Weg über die Burgruine Neudahn nimmt. Wer nur eine Zweitagestour machen möchte, verzichtet auf die Übernachtung im Waldhaus Starkenbrunnen und geht stattdessen eine halbe Stunde weiter zur Bushaltestelle in Pirmasens-Ruhbank.

FAZIT: SÜDWESTPFALZ-STREIFZUG MIT SPEKTAKULÄREREN UND RUHIGEREN PASSAGEN, DAZU ZÜNFTIGE HÜTTENNÄCHTE!

Hin & weg: Bahnhof Hinterweidenthal, Buslinie 252 nach Dahn, Haltestelle Bahnhof, Ziel ist Pirmasens. Rückkehr mit dem Zug nach Dahn.

Dauer & Strecke: Komplette Tour 2,5 Tage, 9–10 Std. Gehzeit, 35 km, 990 hm.

Beste Zeit: Mitte April–Mitte November.

Ausrüstung: Wanderschuhe, wetterfeste Kleidung, Proviant, Übernachtungsrucksack, Wanderkarte 1:25 000, Badesachen.

Wenn es Nacht wird: Abendessen und einfache Wandererlager gibt es in der Dahner Hütte (www.pwv-dahn.de) und im Waldhaus Starkenbrunnen (Tel. 06336 1268).

MARATHON FÜR GENIEßER

... Felsenwanderung rund um Rodalben

Auf gewundenen Pfaden mit gelenkschonendem Boden umrundet der Rodalber Felsenwanderweg das schmucke Kleinstädtchen über eine Marathondistanz von 45 Kilometern und verbindet dabei über 20 Felsmassive. Leistungssportler machen das an einem Tag, Genießer nehmen sich zwei Tage Zeit.

#fürGenießer #sanftePfade #natürlicheSandsteinhöhle #Felsmassive

Auch bei einem Weg von der Länge des Rodalber Felsenwanderwegs sind es oft die kleinen Dinge, die der Wanderung die besondere Würze verleihen, wie dieser Baumstumpf mit Rodalben im Hintergrund.

Der Felsenwanderweg ist während des ganzen Jahrs freundlich zu den Wanderern: Im Sommer gibt es genug Schatten, in der kühleren Jahreszeit schützt der dichte Wald gegen Regen und Wind, die sanften Pfade sind auch bei Schnee noch gut zu begehen. Mit einem »F« ist der Felsenweg durchgehend markiert. Etwas eigenwillig erscheint zunächst die Wegführung: Trotz der Länge liegen die beiden entferntesten Punkte nur fünf Kilometer Luftlinie auseinander – der vielen Seitentäler wegen, die in langen Schleifen umkurvt werden.

Das hat seine Vorteile: Die Gehdistanz kann problemlos an Verfassung, Lust und Laune angepasst werden, Gruppen finden leicht Lösungen, wenn die Bedürfnisse auseinanderlaufen, Fußkranke sind schnell in der rettenden Zivilisation. Große Anstiege gibt es nicht, die vielen Kurzanstiege allerdings summieren sich auf erkleckliche 700 Höhenmeter. Wer mit Kindern unterwegs ist, sollte eine Taschenlampe mitnehmen – es gibt einige Höhlen zu erkunden.

Der Bruderfels mit seinen Säulen ist das Wahrzeichen von Rodalben. Drum herum naturbelassene Pfade mit einem Fichten- und Kiefernnadelteppich, mit Wurzelwerk und Hutzeln.

Geschickt ist es, den Rodalber Felsenwanderweg im Uhrzeigersinn zu gehen. Dann hat man immer die Felsen zur Linken und das Tal zur Rechten – für die meisten Wanderer fühlt sich das »richtiger« an. Grundsätzlich beliebig ist der Ausgangspunkt, es gibt allerdings einen guten Grund, genau in der Mitte des Südteils am von Rodalben gut sichtbaren Bruderfelsen zu beginnen: So liegt das Hilschberghaus des Pfälzerwald-Vereins, die ideale Verpflegungsstation und Unterkunft, genau in der Wegmitte.

Höhepunkte sind der Bruderfelsen mit seinen drei markanten Säulen, der Alte Bierkeller mit seinem begehbaren Höhlengang, der wuchtige Saufelsen, der Kuhfelsen, an dem einst die Viehhirten ihr Mittagsschläfchen hielten, und die Bärenhöhle, die größte natürliche Sandsteinhöhle der Pfalz.

FAZIT: DER ERSTE WEG IN DER PFALZ, DER MIT EINEM QUALITÄTSSIEGEL AUSGEZEICHNET WURDE. KULTIG!

Hin & weg: Bahnhof Rodalben.

Dauer & Strecke: 2 Tage, 9–12 Std. reine Gehzeit, 45 km.

Beste Zeit: Ganzjährig.

Ausrüstung: Wanderschuhe, wetterfeste Kleidung, Proviant, Übernachtungsrucksack, Taschenlampe für die Höhlen.

Wenn es Nacht wird: Direkt am Weg im Hilschberghaus übernachten (www.pwvhilschberghaus.de) oder in Rodalben in Bold's Hotel-Restaurant Zum Grünen Kranz (www.boldskranz.de).

KONTRAST-PROGRAMM

... wandern durchs Holzland zum Betzenberg

#51

Als Abschluss einer Wanderung das Fritz-Walter-Stadion auf dem Kaiserslauterer Betzenberg besichtigen? Eigenwillig, aber durchaus pfiffig – vor allem wenn man zuvor durch die Wälder des Holzlandes gestreift ist und zünftig in Naturfreunde-häusern übernachtet hat.

#Naturfreundehäuser #FritzWalter # UdoBölts #1FCK

Naturfreundehäuser sind als besonders familienfreundlich bekannt. Unten: Häufig sieht man in den Tälern die langhaarigen Galloway-Rinder. Rechts: Völlig weltabgeschieden ist der Kieselweiher.

Wie selbstverständlich erscheint es uns heute, nahezu ungehindert durch Wälder und Flure zu wandern! Im 19. Jahrhundert sah das noch ganz anders aus: Der Wald befand sich meist in Privatbesitz, das Betreten war dem überwiegenden Teil der Bevölkerung streng verboten. Im Zeichen zunehmender Demokratisierung wurde dann auch dem gemeinen Volk der freie Zugang zur Natur gewährt – zumal die Fabrikbesitzer den Wert gesunder Arbeitskräfte zu schätzen wussten. Um markierte Wanderwege und Unterkünfte kümmerten sich die zur Jahrhundertwende gegründeten Wandervereine und der Verein der Naturfreunde. Die Altvorderen pflegten weite Strecken zurückzulegen und für die An- und Abreise Bus oder Bahn zu nehmen. Diese Tour tut es ihnen nach: Startpunkt ist der Bahnhof in Rodalben, übernachtet wird in zwei Naturfreundehäusern, Endpunkt ist der Kaiserslauterer Hauptbahnhof.

Landschaftlich bietet die Route einen Mix aus landwirtschaftlich genutzten Höhenzügen mit weitem Fernblick, wasserreichen Tälern und stillen Wäldern. Sie verläuft überwiegend auf dem Pfälzer Waldsteig, einem der drei großen Prädikatsfernwege der Pfalz. Das macht auch bei Fritz-Walter-Wetter Spaß, der dichte Wald hält viel Regen ab. In Rodalben geht es am Krankenhaus vorbei in den Wald und auf dem Rodalber Felsenwanderweg bis zu einem Wanderparkplatz. Dort trifft man auf den Pfälzer Waldsteig, der über den Orleberg, wo ein sieben Meter hoher Buntsandstein-Monolith aus der fast baumlosen Hochfläche emporragt, über Donsieders und das Kloster Maria Rosenberg ins Schwarzbachtal führt. An der Ruine

Heidelsburg erinnern karge Mauerreste daran, dass hier einst ein römisches Forsthaus stand. Der letzte Teil der ersten Tagesetappe verläuft durch das weltferne Dinkelsbächeltal.

Nach der Übernachtung im Naturfreundehaus von Heltersberg, der Heimat des durch den Spruch »Quäl dich, du Sau« unsterblich gewordenen Radheroen Udo Bölts, geht es auf dem Pfälzer Waldsteig am Kieselweiher vorbei zur L 499. Mit dem roten Balken wird jetzt der Übergang ins Moosalbtal abgekürzt. Von dort bis zum Ende der Naturfreundehäuser-Tour gilt wieder das Logo des Pfälzer Waldsteigs. Der Tag endet mit einem Bummel durch die romantische Karlstalschlucht zum Naturfreundehaus Finsterbrunnertal (Eskapade #38). Die abschließende Etappe führt durch dichte Wälder zum aussichtsreichen Humbergturm über Kaiserslautern. Von hier aus sieht man es auch schon: das einst so gefürchtete Stadion des 1. FCK!

Hin & weg: Bahnhof Rodalben, Ziel ist Kaiserslautern.

Dauer & Strecke: 3 Tage, 12–16 Std. Gesamtgehzeit, 50 km (15 km am ersten, 19 am zweiten und 16 am dritten Tag), 970 hm.

Beste Zeit: Ganzjährig.

Ausrüstung: Wanderschuhe, wetterfeste Kleidung, das wenige, was man für eine Übernachtung braucht, Wanderkarte 1:25 000, Proviant.

Wenn es Nacht wird: Einfache Zimmer, Abendessen und Frühstück gibt es im Naturfreundehaus Heltersberg (www.naturfreunde-heltersberg.de) und im Naturfreundehaus Finsterbrunnertal (www.naturfreundehaus-finsterbrunnertal.de).

FAZIT: ABWECHSLUNGSREICHER DREI-TAGES-TRIP MIT FERNBLICKGARANTIE AUF DEN SPUREN DER WANDERPIONIERE.

MAGISCHE SIEBEN

... Felsenburgen an der pfälzisch-elsässischen Grenze

Lust auf einen Superlativ? Dann auf zu einem echten Wanderklassiker, der Sieben-Burgen-Tour. Natürlich geht es hier nicht nur um den Rekord – der Reiz dieser spektakulären Tour hängt nicht an der magischen Sieben.

#ultimativeWandertour #Grenzland #elsässischeKüche #Weitblick

Wenn Nebelbänke die Täler ausfüllen, zieht es Hobbyfotografen auf die Wegelnburg – ein idealer Standort, um die Pfälzerwaldgipfelparade im Bild festzuhalten.

Man wird früh aufbrechen, wegen der langen Strecke mit ihren happigen Anstiegen und um jede einzelne der im 12. und 13. Jahrhundert erbauten Felsenburgen in Ruhe genießen zu können. Buckelquadermauern, Schießschartentürme und in den Buntsandstein gehauene Zisternen, Brunnen, Treppen, Kammern und Gewölbe regen zu Fantasiereisen ins dunkle Mittelalter an. Fernblickgelüste werden auf den exponierten, durch steile Leitertreppen zugänglich gemachten Aussichtsplattformen gestillt. Es gibt zwei gute Gründe, die Tour im Uhrzeigersinn zu laufen: Zum einen hat man dann am ersten Zwischenstopp, der Wegelnburg, schon einmal den anstrengendsten Aufstieg hinter sich, zum anderen kommt man so am späten Nachmittag in Wengelsbach an, wo die elsässische Küche nach sieben absolvierten Burgen noch einmal so gut mundet.

Auch – oder gerade – im Nebel hat die Sieben-Burgen-Tour ihren Reiz, ob in der Nebelsuppe wie hier am Löwenstein oder über den Wolken, wenn plötzlich eine Burg am Horizont auftaucht.

Zu Beginn also eine Dreiviertelstunde Schwitzen, dann steht man auf der Aussichtsplattform der viel besuchten Wegelnburg. Die frühere Reichsburg ist mit 571 Meter die höchstgelegene Burgruine der Pfalz, entsprechend spektakulär ist der Blick nach Norden in den Wasgau. Auf dem gleichen Bergkamm liegt – bereits in Frankreich – die Hohenburg mit dem umfassendsten Panorama der Tour. Einen Katzensprung dahinter kommt schon

die Ruine Löwenstein, auf der einst der berüchtigte Raubritter Lindenschmidt hauste.

Bis zum Wasigenstein gilt jetzt der rote Balken, ein Wegzeichen des Vogesenclubs. Er führt auf dem Sentier des Roches hinunter zum Château de Fleckenstein, der größten Felsenburg der Nordvogesen, 120 Meter lang, umfassend restauriert und touristisch voll erschlossen mit Museum und Führungen. Nebenan liegt das ehemalige Forsthaus P'tit Fleck mit Infocenter und Bistro (www.fleckenstein.fr).

Am Badeweiher Etang de Fleckenstein im Tal der Sauer ist der tiefste Punkt der Wanderung erreicht. Ein kurzer, aber strammer Aufstieg führt nun zur wildesten aller sieben Burgen, der Froensburg, die auf luftigen Treppen erstiegen wird. Nicht ohne ist auch der Aufgang auf den Zigeunerfelsen, bevor es leicht absteigend zum sagenumwobenen Wasigenstein geht (Eskapade #22). Hier ändert sich die Markierung: Mit der roten Raute wandert man an dem schon von den Kelten besiedelten Berg Maimont entlang zur Ruine Blumenstein. Die liegt auf deutschem Boden, der aber an der Wegspinne Wengelsbacher Hals gleich wieder verlassen wird, denn der würdige Ausklang der Tour findet im elsässischen Weiler Wengelsbach statt: Gourmetstunde im Restaurant Au Wasigenstein (www.restaurantwasigenstein.com)! Durchs Wengelsbachtal stolpert man abends hochzufrieden zurück nach Schönau oder bleibt gleich die Nacht über in Wengelsbach.

Hin & weg: Bahnhof Hinterweidenthal, Buslinien 252 und 251 über Dahn nach Schönau. Start ist der Parkplatz an der Gebüger Straße. Oder dort das Auto abstellen.

Dauer & Strecke: 2 Tage, 6–7 Std. Gehzeit pro Tag, mit Besichtigungen, Pausen und Einkehr 10–12 Std., 22 km, 800 hm (!).

Beste Zeit: Ganzjährig, nicht bei Schnee und Eis.

Ausrüstung: Feste Wanderschuhe, wetterfeste Kleidung, reichlich Proviant, eventuell Badesachen.

Wenn es Nacht wird: Am Start- und Endpunkt liegt das Garni-Hotel zur Wegelnburg in Schönau (www.hotel-wegelnburg.de); wer nach der Einkehr im Weiler Wengelsbach 2 Kilometer vor Ende der Tour lieber gleich ins Bett fallen möchte, kann in den Ferienwohnungen des Restaurants Au Wasigenstein unterkommen (www.gitesduwasigenstein.com).

FAZIT: EIN MUSS – ODER BESSER DARF – NICHT NUR FÜR FREUNDE DER WASGAUFELSENBURGEN, SONDERN FÜR ALLE SPANNUNGS- UND FERNBLICKSÜCHTIGEN UNTER DEN PFALZWANDERERN.

SONST NOCH WICHTIG

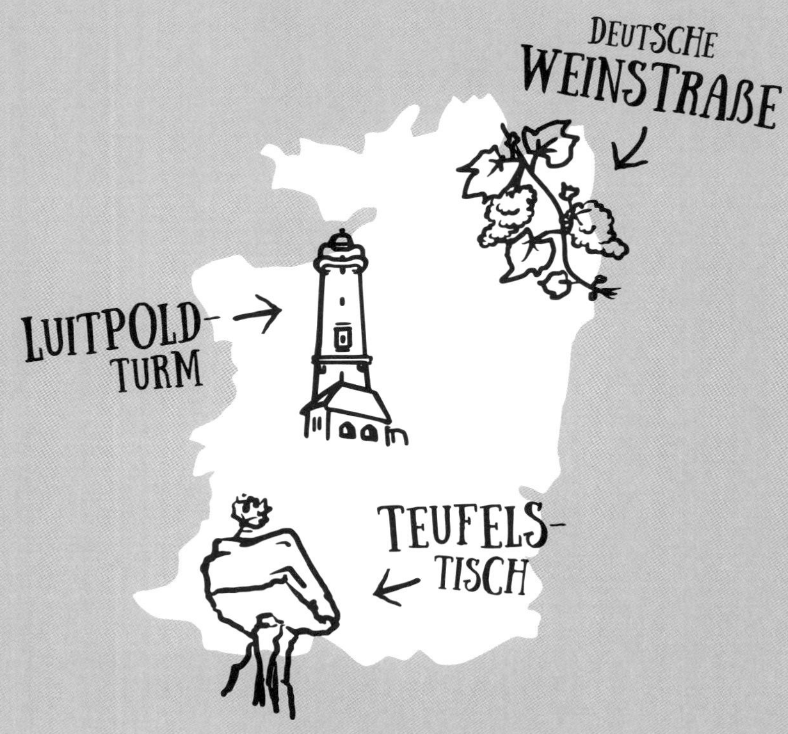

Ein- und Überblick

Karten für den schnellen Überblick, ein Ortsverzeichnis, praktische Tipps sowie mehr über den Autor und seine liebsten Empfehlungen gibt es auf den folgenden Seiten.

GPX-Download aufs Smartphone - So geht's

Voraussetzung:
Eine Outdoor-App muss installiert sein, z. B. KOMPASS, Outdooractive oder komoot. Zum Einlesen des QR-Codes benötigen Android-Geräte eine QR-Code-App. Bei IOS-Geräten ist diese Funktion in der Kamera integriert.

Daten downloaden:

1. Den QR-Code einlesen oder die Webadresse im Browser eingeben, um auf die Eskapaden-Website zu gelangen.
2. Die gewünschte Tour zum Download anklicken.
3. Bei IOS-Geräten werden die GPX-Daten direkt mit der vorab installierten App verknüpft. Bei Android-Geräten muss ggf. noch ein Weiterleiten-Button geklickt werden (z. B. oben rechts im Display). Manche Apps zeigen den Tourverlauf starr an, andere verfügen über eine Navigationsfunktion.

Tourenverlauf

GPX-Daten zum kostenlosen Download www.dumontreise.de/eskapaden/pfalz

short.travel/ulc8v

Auf den folgenden Seiten: die Eskapaden in der Pfalz in drei Übersichtskarten. Die Ziffern stehen für die Eskapaden-Nummern.

Waldfischbach-Burgalben
Rodalben
Pirmasens
Ruppertsweiler
SEITE 227
Naturpark
Pfälzer Wald
Dahn
Fischbach bei Dahn
FRANKREICH
Ramberg
Edenkoben
Annweiler am Trifels
Landau in der Pfalz
Klingenmünster
Bad Bergzabern
4 km
8
50
51
30
13
24
2
22
52
42
17
18
15
48
40
35
20
41
16
3
26
43
39
10
48
65
38
427

Rinnthal
Sarnstall
Wildgartswiesen
32
10
47
11
Kaltenbach
Hinterweidenthal
Hauptstraße
36
14
Bahnhof-
Hauenstein (Pfalz)
straße
23
Spirkelbach
Wernersberg
Naturpark
Pfälzerwald
427
Lug
25
Salzwoog
Schwanheim
Völkersweiler
28
49
27
Gossersweiler-Stein
Darstein
Dahn
44
4
6
Silz
Oberschlettenbach
Schindhard
19
Busenberg
10
Vorderweidenthal
2 km
Bruchweiler-
Bärenbach
Erlenbach bei Dahn
Lauterschwan
Birkenhördt

NOCH MEHR ESKAPADEN …

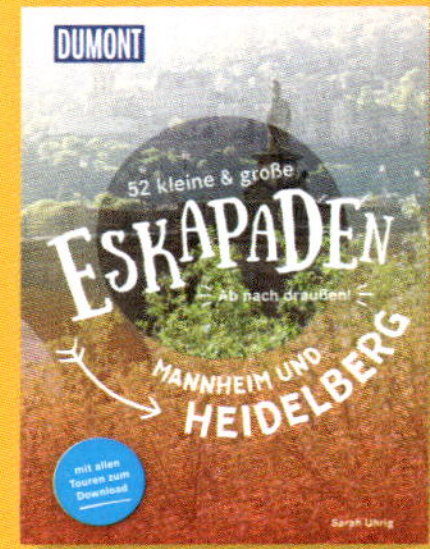

ISBN 978-3-7701-8091-2 ISBN 978-3-7701-8078-3 ISBN 978-3-7701-8097-4

… erhalten Sie im gut sortierten Buchhandel und unter www.dumontreise.de

IMPRESSUM

Reihenkonzept Monique Sorban

Projektmanagement Svenja Heinle, Monique Sorban

Cover-/Buchgestaltung und Illustrationen Carolin Weidemann, Köln, www.weidemann-design.com

Lektorat Dr. Barbara Münch-Kienast, Andechs, www.barbara-muench-kienast.de

Fotos Thomas Diehl, Pirmasens, www.wanderportal-pfalz.de, mit folgenden Ausnahmen: August Eberle (S. 52 l.u., 82 u., 84, 85 r.u.), Wolfgang Füßlein (S. 58, 60), Margret Germann (S. 14 ob., 17 u.r., 208), juhumbert/stock.adobe.com (Titelseite), Ben Wiesenfahrt (182 u.), Bildarchiv Südliche Weinstraße (S. 184 r.), DuMont Bildarchiv/ Gerald Hänel (S. 4, 6/7, 50, 66, 164, 190, 204, 224), Peter Frischmuth (S. 120 r.), Claus-Peter Frenzel (S. 136 u.), Markus Kirchgessner (S. 196)

Kartografie Madlen Keilhauer, Oliver Rau; © MAIRDUMONT, Ostfildern, unter Verwendung von Kartendaten von © OpenStreetMap-Mitwirkende, Lizenz CC-BY-SA 2.0

Printed in Poland

6. Auflage 2022

ISBN 978-3-7701-8094-3
www.dumontreise.de

Aufpassen!

Die vor allem im Frühsommer durch Zecken übertragenen Krankheiten sind absolut ernst zu nehmen. In den Rucksack gehört zum sofortigen Entfernen der Plagegeister eine Pinzette oder Zeckenkarte. Einen einfachen Schutz bietet helle Kleidung, die man gut nach Zecken absuchen kann. Das Fabeltier der Pfalz, die in wechselnder Gestalt auftretende Elwetritsch, ist dagegen harmlos, kann einem jedoch bei allzu platter Vermarktung gehörig auf den Geist gehen.

Wege

Ein großes Plus für Pfalzwanderer sind die weichen, gelenkschonenden Pfade, auf denen viele Routen verlaufen. Ebenfalls angenehm: Der Sandboden saugt eine Menge Wasser auf, sodass es auch nach langen Regenfällen nicht rutschig wird. Radwanderer finden eine Menge ruhiger Radwege, Straßenradler wenig befahrene Straßen, Mountainbiker ein Netz ausgeschilderter Routen.

Hütten

Die Pfalz verfügt über ein dichtes Netz an Hütten, Naturfreundehäusern, Waldgaststätten und Burgschänken. Die Öffnungszeiten können variieren, besser vorher im Internet recherchieren!

Geschmacks-sachen

Die in den Hütten angebotene Kost ist meist typisch pfälzisch, also herzhaft-deftig und sehr preiswert. Pommes findet man selten, Hamburger und Spaghetti nie auf der Speisekarte. Vegetarier und Veganer sind als Besucher meist nicht vorgesehen. Bei den Getränken dominiert neben den gängigen Softdrinks der Weißwein, besonders in Form der Pfälzerwaldschorle.

GUT ZU WISSEN ...

Orientierung

Da die Pfalz ein sehr fein gegliedertes Gebiet mit einer kaum überschaubaren Wegevielfalt ist, gehören Wanderkarten im Maßstab 1:25 000 bei vielen Unternehmungen zum Vergnügen dazu. Anfänger können sich an die Logos der zahlreichen Premiumwege halten, Fortgeschrittene steigern ihren Genuss, wenn sie häufiger mal die Markierung der Hauptwege verlassen.

ESKAPADEN-REGISTER ...

Alle Orte mit Seitenverweisen

… über den Autor

Thomas Diehl, in Pirmasens gebürtiger Pfälzer, ist der Wald- und der Weinpfalz leidenschaftlich verbunden. Von Kindesbeinen an verbringt er seine Freizeit am liebsten draußen, im Pfälzerwald und in den benachbarten Vogesen, auf Alpentouren oder bei Inseltrekkings. Als Wanderjournalist einer Tageszeitung und Macher einer Wander- und Radwanderwebsite (www.wanderportal-pfalz.de) hat er schon viele Pfalz-Freunde zu klassischen, aber auch ungewöhnlichen Unternehmungen in der freien Natur inspiriert.

Was ihn besonders begeistert: Er entdeckt auch nach vielen Jahren im Pfälzerwald immer noch Neues. Wenn das Wetter draußen mal gar zu garstig ist, greift er zur Gitarre und schreibt Songs – Bossa Nova, Jazz, Blues.

Nacht im Turm

Eskapade #13: Nächtlichen Urwaldgeräuschen lauschen, Sterne gucken, in der Kammer des Luitpoldturms am Kaminfeuer sitzen und dann auf der Isomatte der Morgendämmerung entgegenfiebern.

Es mal richtig krachen lassen

Eskapade #35: Ein Gipfel-Linking, von dem man noch seinen Enkeln erzählen kann – anstrengend, durchaus elitär und ein bisschen gaga.

5 BESONDERE EMPFEHLUNGEN ...

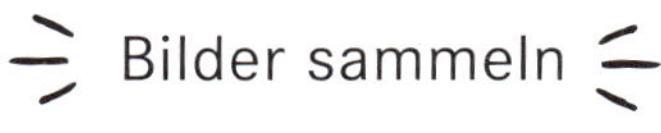

Bilder sammeln

Eskapade #33: Mehr Kontrast auf einer nur 13 Kilometer langen Wanderung geht nicht: Weinberge, Kastanien- und Kiefernwälder, Fernblicke, ein See, ein Auerochsenpark und ein Boulderparadies.

Auftanken

Eskapade #12: Sich ganz auf die Stille einlassen, auf einer Wiese liegen und in den Himmel schauen, den Picknickrucksack plündern und zwischendurch immer mal wieder ein bisschen weiter durch eine außergewöhnliche Tallandschaft streunen.

Morgendämmerung

Eskapade #44: Die Würze einer höchst abwechslungsreichen Etappenroute: den Weg kurz verlassen für ein Biwak unter einem Felsüberhang. Oder auf dem Buhlsteinpfeiler – um den Sonnenaufgang aus dem Schlafsack heraus zu genießen.